KurzModeration

Windmühle
GmbH
Verlag und Vertrieb von Medien

Kurz –
Moderation

Karin Klebert · Einhard Schrader · Walter G. Straub

Anwendung der ModerationsMethode in Betrieb, Schule, Hochschule, Kirche, Politik, Sozialbereiche und Familie, bei Besprechungen und Präsentationen

Mit 20 Moderationsabläufen als Anleitung

 Windmühle GmbH Verlag und Vertrieb von Medien

Die Deutsche Bibliothek - CIP-Einheitsaufnahme
Ein Titelsatz dieser Publikation ist bei der
Deutschen Bibliothek erhältlich.

ISBN 3-922789-95-1
Unveränderter Nachdruck 2003
© Windmühle GmbH, Verlag und Vertrieb von Medien, Hamburg
Alle Rechte vorbehalten.

Printed in Germany

Inhaltsverzeichnis

1. Einleitung

Erfindung der
ModerationsMethode

Vor rund 15 Jahren fing es mit der Moderations-
Methode an, in einer Zeit, in der Studentenunruhen
und Protestbewegungen die Gesellschaft aus ihrem
Dornröschenschlaf gerissen hatten. In vielen Bereichen, in Hochschulen und Betrieben, in Kirchen
und Kommunen wurden die Verhältnisse nicht mehr so
hingenommen, wie sie waren. Überall wurden Forderungen nach mehr Beteiligung an Entscheidungspro-
zessen, nach mehr Orientierung an den Wünschen und
Bedürfnissen der Betroffenen hörbar.

Die Lautstärke der Forderungen konnte aber nicht
darüber hinwegtäuschen, daß es kaum Methoden gab,
um die Vorstellungen von mehr Beteiligung zu erfüllen. Ob in Teach-Ins und Betriebsversammlungen,
ob in Diskussionszirkeln oder Ausschüssen - al-
lenthalben wurde erkennbar, daß es an Formen fehlte, in die ein neues Bewußtsein gegossen werden
konnte.

Warum die alten Methoden nicht mehr funktionier-
ten, war einfach zu verstehen, aber schwer zu
ändern. Die gewohnten Gesprächsstrukturen gingen
immer davon aus, daß es einen Leiter (Lehrer,
Diskussionsleiter usw.) geben mußte, der alles
besser wußte als die anderen und deshalb sagte, wo
es lang ging. Genau das aber widersprach den Wünschen nach Beteiligung und individueller Mitspra-
che.

Aber diese Erfahrungen beschränkten sich nicht auf
die mehr oder weniger politischen Bewegungen. Die
sechziger Jahre hatten ein neues Verständnis von
der Planbarkeit sozialer Prozesse gebracht. Pla-
nungsstäbe und Unternehmensberatungen schossen aus
dem Boden, machten umfangreiche Untersuchungen und
fertigten dickleibige Gutachten an, die in den
Schreibtischschubladen der Auftraggeber verschwan-
den - und alles blieb beim alten. "Beim alten"
doch nicht ganz, denn unter den Betroffenen machten sich Unruhe und Ärger breit: Hatte man dafür
so viel Zeit und Mühe für Analysen und Untersuchungen aufgewendet, Hoffnungen geweckt und Engagement erzeugt, daß nun nichts passierte?

Es war nicht immer böser Wille oder Angst vor

Veränderungen, daß nichts passierte. Vielmehr fehlte es auch an Methoden, Bedürfnisse und Wünsche adäquat zu erfassen und Betroffene an Umsetzungsprozessen zu beteiligen.

Das "Quickborner Team" war damals eine der Unternehmensberatungen, die solche Erfahrungen gemacht hatten. Einer seiner Gründer, Eberhard Schnelle (heute Metaplan), kam deshalb auf den Gedanken, Entscheider auf ihre neuen Aufgaben vorzubereiten. Es entstand das "Entscheidertraining", Vorstufe der ModerationsMethode. Im Entscheidertraining wurden die Entscheider einerseits (meist die Hierarchen) mit Betroffenen andererseits zusammengebracht und in die Lage versetzt, gemeinsam kreative Lösungen zu finden.

Zu diesem Zeitpunkt trafen wir auf Eberhard Schnelle und verbanden seine Erfahrungen in Wirtschaft und Verwaltungen mit unseren Erfahrungen in Hochschule und Politik. Es folgten einige Jahre intensiver Kreativität, in der mit Methoden experimentiert wurde, in der wir Erfahrungen (gute und schlechte) machten und in der sich langsam das herauskristallisierte, was wir heute "Moderations-Methode" nennen: eine Mischung aus Planungs- und Visualisierungstechniken, aus Gruppendynamik und Gesprächsführung, aus Sozialpsychologie, Soziologie, Betriebs- und Organisationslehre mit einem Verständnis von sozialen und psychischen Prozessen, die sich an Erkenntnisse und Erfahrungen der Humanistischen Psychologie anlehnen.

Mehr und mehr rückten in der Folgezeit die Techniken in den Hintergrund, wurde die Haltung des Moderators zu den Menschen und zu den Problemen der Angelpunkt der ModerationsMethode. Im Gegensatz zum Lehrer, Trainer oder Vorgesetzten hat der Moderator gewissermaßen eine Hebammenfunktion: Er hilft der Gruppe, sich selbst zu verstehen, ihre Ziele und Wünsche zu formulieren, Lösungen zu erarbeiten und die Umsetzung sicherzustellen. Die Moderationstechniken sind sein Handwerkszeug, während der Moderationsprozeß eher etwas mit künstlerischer Gestaltung zu tun hat: er verlangt Intuition und Einfühlungsvermögen. Das Handwerkszeug dient ihm dazu, die Gruppe in die Lage zu versetzen, sich ihren roten Faden selbst zu spinnen.

Weitergabe der ModerationMethode

1973 war der Prozeß des Erfindens und Experimentierens so weit gediehen, daß die ersten Moderatoren-Trainings stattfinden konnten. Das heißt, es war einerseits ein Interesse entstanden, diese Methode zu lernen, andererseits hatten wir uns über uns, unsere Methoden und unsere Absichten so weit Klarheit verschafft, daß wir unsere Erfahrungen an andere weitergeben konnten. Etwa zur gleichen Zeit zerfiel die Erfindergruppe und löste sich in mehrere selbständige Gruppierungen auf. Wir, die wir dieses Buch verfaßt haben, arbeiten in und mit ComTeam in Gmund am Tegernsee. Hier haben wir die ModerationsMethode weiterentwickelt und wenden sie an, führen Moderatoren-Trainings und andere Veranstaltungen auf dem Gebiet der Kommunikation und der Selbsterfahrung durch.

1980 erschien die erste (vorläufige) Gesamtdarstellung der ModerationsMethode. (Karin Klebert, Einhard Schrader, Walter Straub , ModerationsMethode, Gestaltung der Meinungs- und Willensbildung in Gruppen, die miteinander lernen und leben, arbeiten und spielen, München, 1980). Zielgruppe dieses Buchs waren Personen, die die Moderations-Methode in Trainings gelernt hatten und sie nun in der Praxis anwenden wollten. Es enthält eine Zusammenstellung aller Einzelmethoden aber auch eine Darstellung des Ablaufs eines gesamten Moderationsprozesses. Darunter verstehen wir eine mehrtägige Veranstaltung, in der ein Bogen gespannt wird vom Zusammenführen der Gruppe über die gemeinsame Problemverständigung, die Problembearbeitung bis hin zur Erstellung eines Handlungskonzepts. Einen solchen gesamten Prozeß zu konzipieren und durchzuführen, bedarf nach unserer Erfahrung eines gründlichen Ausbildungsprozesses und vieler Übung in der Praxis. Er läßt sich kaum ausschließlich aus einem Buch erlernen.

KurzModeration

In letzter Zeit wuchs nun das Interesse an der ModerationsMethode auch bei solchen Personen, die nicht die Möglichkeit haben, an einem Moderatoren-Training teilzunehmen und die auch nicht die Absicht haben, die ModerationsMethode im gesamten Umfang einzusetzen. Es hat sich nämlich inzwischen herausgestellt, daß die ModerationsMethode gut geeignet ist, einzelne Phasen in Besprechungen und in Lernveranstaltungen besser zu gestalten. Wir sprechen in diesem Fall von "KurzModeration" und meinen damit, daß die ModerationsMethode in her-

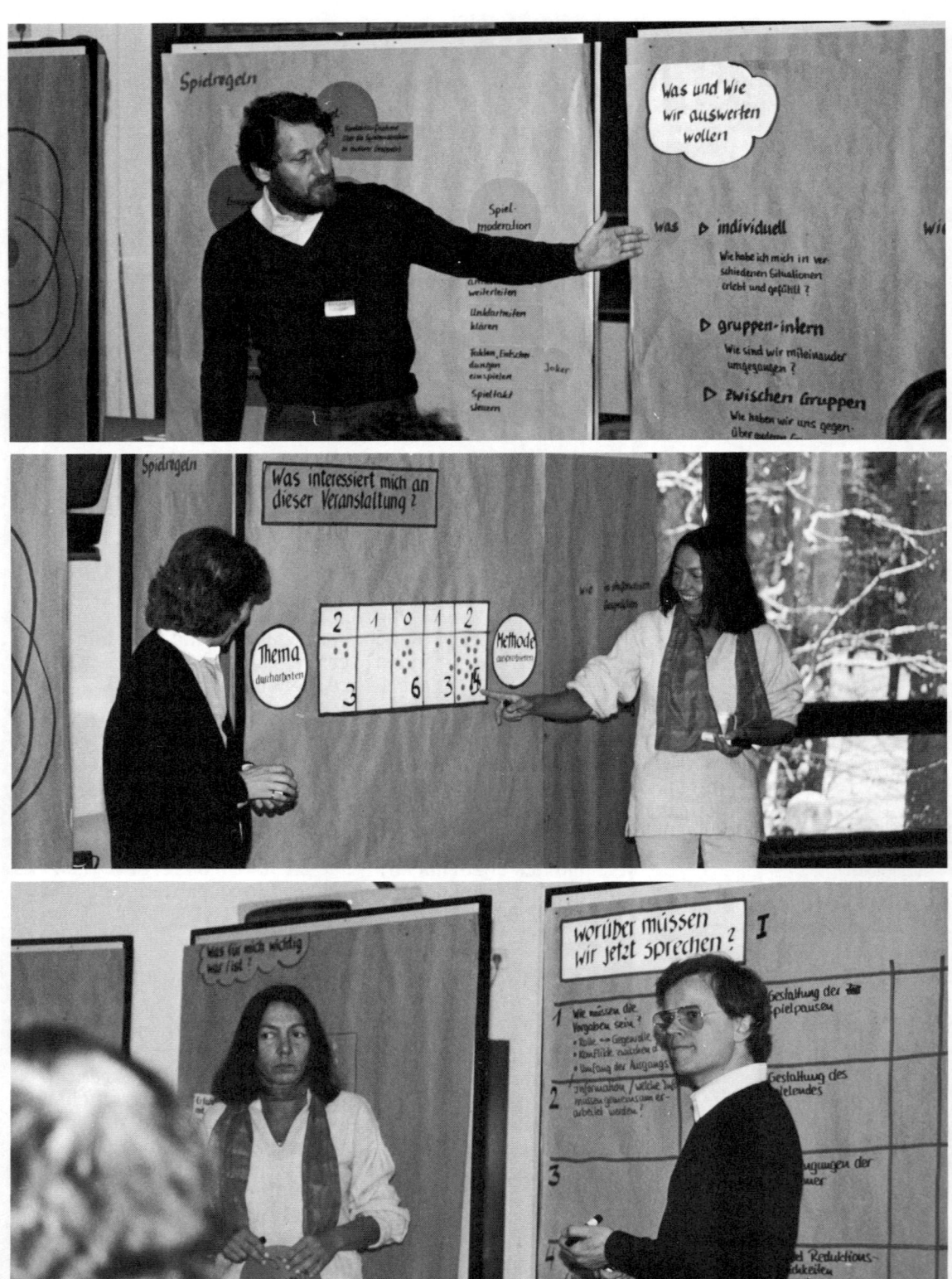

Situationsfotos: Einsatz der ModerationsMethode in einem Seminar

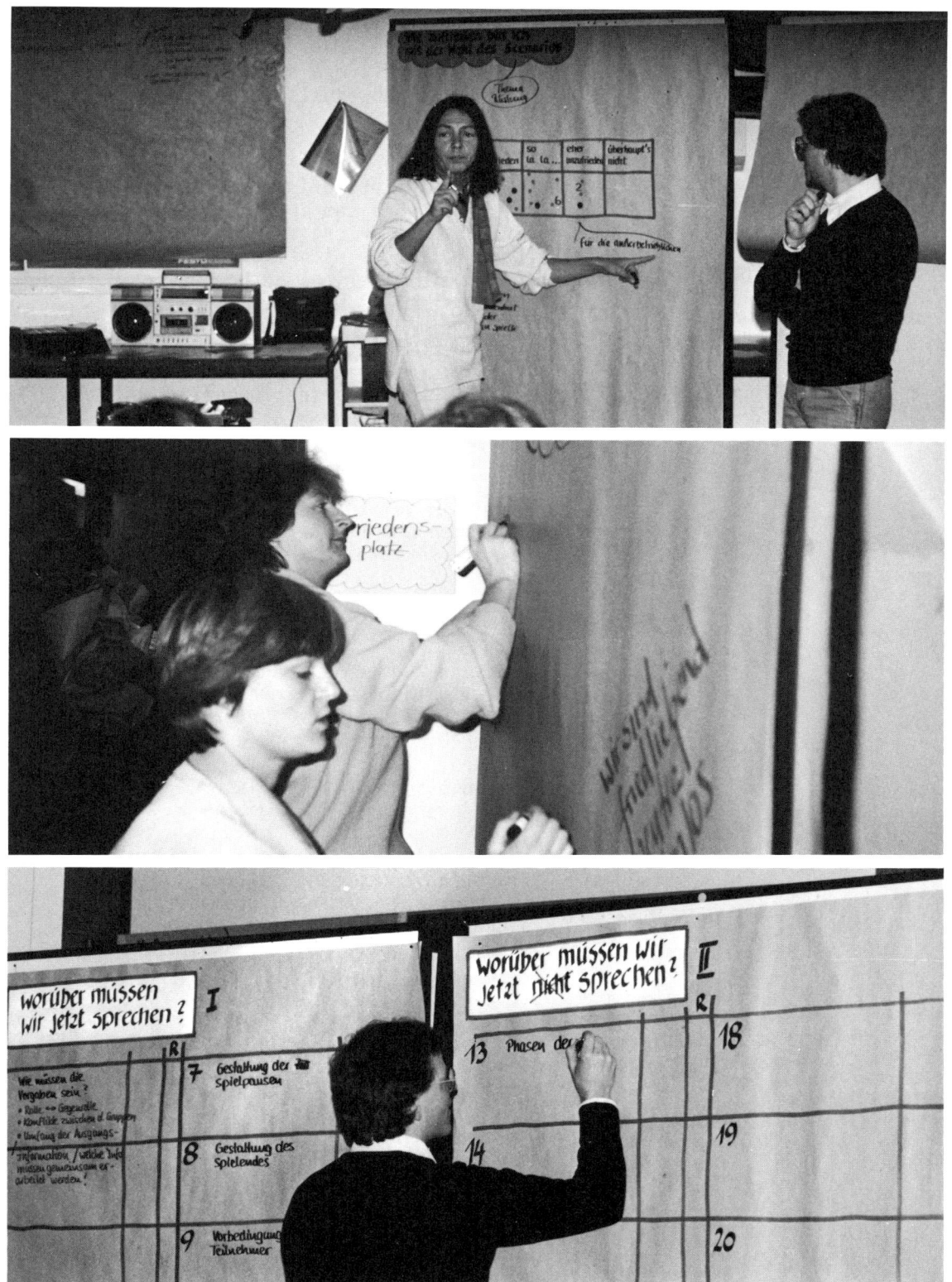

Situationsfotos: Einsatz der ModerationsMethode in einem Seminar

kömmliche Veranstaltungsformen eingefügt wird, um
diese effektiver oder abwechslungsreicher zu gestalten.

Für diesen Anwendungsbereich lohnt sich in der
Regel keine drei- bis vierstufige Moderatoren-Aus-
bildung, sie ist auch bei dem sporadischen Einsatz
der ModerationsMethode nicht zwingend erforder-
lich. Gleichwohl reicht es nicht, die Moderations-
Methode irgendwo einmal erlebt zu haben, um sie
dann selbst einzusetzen.

An diese Zielgruppe wendet sich das vorliegende
Buch. Wir beginnen mit einem Vergleich zwischen
einer nichtmoderierten und einer moderierten Besprechung. Wir denken, daß vor allem für diejenigen, die die ModerationsMethode noch nicht kennen,
so am ehesten verständlich wird, was Moderation
eigentlich ist. Das dritte Kapitel besteht aus 18
Beispielabläufen in verschiedenen Bereichen, zu
verschiedenen Themen und mit verschiedenen Absichten. Wer die Abläufe miteinander vergleicht, wird
schnell feststellen, daß sie immer nach einem
ähnlichen Grundmuster ablaufen. Wir haben uns aber
bemüht zu zeigen,

*   welche Besonderheiten in den verschiedenen
     Anwendungssituationen auftreten können;
*   wie KurzModerationen von unterschiedlicher
     Länge (von 45 Minuten bis zu 4 Stunden) ab-
     laufen können;
*   welche methodischen Alternativen es - unab-
     hängig vom Anwendungsfeld - gibt.

Unsere Intention bei diesen Abläufen ist nicht,
daß sie sklavisch angewendet werden. Vielmehr
möchten wir konkretes Anschauungsmaterial aus
unserer eigenen Erfahrung bieten, das anregen
soll, sich seinen eigenen Ablauf zusammenzustel-
len.

Im vierten Kapitel erläutern wir dann die Methoden
im einzelnen. Wir haben uns bemüht, sie so darzustellen, daß sie durch Lesen verständlich und
anwendbar sind.

Im Kapitel 5 haben wir unser Moderationskauder-
welsch, das wir auch in diesem Buch benutzen, in
einem Glossar zusammengefaßt, um das Lesen und
Arbeiten in diesem Buch zu erleichtern. Schließ-

lich geben wir Ihnen am Ende noch ein paar Literaturhinweise zu Büchern, die uns beeinflußt haben und/oder die Ihnen weiterhelfen können.

Und nun wünschen wir Ihnen, daß Sie am Lesen und noch mehr an der Anwendung ebenso viel Freude haben wie wir, wenn wir mit der ModerationsMethode arbeiten und noch heute immer wieder staunen, wie dankbar unserer Teilnehmer sind, daß wir ihnen helfen, sich selbst zu helfen.

Karin Klebert
Einhard Schrader
Walter G.Straub

2.1 Besprechung, wie gehabt - oder der alltägliche Frust der Diskussion.

Sichtlich abgehetzt betritt Herr Maier, Leiter der Hauptabteilung Marketing der Firma Meistermann, den Besprechungsraum 4b. Um einen Konferenztisch herum sitzen die Abteilungs- und Gruppenleiter, vierzehn an der Zahl, und warten auf den Beginn der monatlichen Abteilungsbesprechung. Während Herr Maier sich an einem Flipchart vorbeizwängt und den freien Sessel an der Stirnseite des Tisches einnimmt, erstirbt das Gemurmel. Alle schauen erwartungsvoll auf den Vorsitzenden, der sich gerade eingehend mit dem Inhalt seiner umfangreichen Aktentasche beschäftigt, die offenbar gerade das Schriftstück, das er benötigt, nicht enthält.

Noch über seinen Aktenkoffer gebeugt, beginnt Herr Maier: "Ja, meine Herren, also dann wollen wir mal anfangen. Wo habe ich denn gleich die Tagesordnung. Also, die hat mir Frau Frei mal wieder nicht eingepackt! Herr Sauermann," (Assistent von Herrn Maier, 'griffbereit' zur Linken postiert) "haben Sie ein Exemplar? Danke! Also, worum geht es denn heute? Ach ja, wir sollten uns mal eingehend mit der Einführung des Doppelcolor-Lippenstifts beschäftigen. Da muß ja noch allerhand passieren, wenn wir unsere Termine halten wollen. Sie wissen ja, meine Herren, daß wir da sehr im Druck sind. Kosma hat durchblicken lassen, daß sie an einem Tricolor-Stift arbeiten. Haben Sie das Interview mit Papenhuber im 'Marketing-Mix' gelesen, Herr Schmidt?" (der u.a. für die Dokumentation verantwortlich ist).

"Welche Ausgabe meinen Sie?" - "Na, das ist ungefähr drei Wochen her. Übrigens, Herr Schmidt, wir müssen unbedingt mal über die Auswertung der Zeitschriften sprechen. Damit bin ich noch gar nicht zufrieden!"

"Also, dazu muß ich sagen, daß ich immer noch Schwierigkeiten mit dem Einkauf habe, die richti-

15

gen Zeitschriften zu bekommen. Was ich nicht habe, kann ich auch nicht auswerten!"

"Na gut, darum sollten Sie sich kümmern!"

"Außerdem", Herr Schmidt ist offenbar noch nicht fertig, "ich habe immer noch nicht die Interessenschwerpunkte der anderen Abteilungen. Ich weiß gar nicht, wen was interessiert."

"Ja, meine Herren, darüber haben wir doch schon mehrfach gesprochen. Sie wollten doch schließlich die Auswertungen. Dann müssen Sie schon..." Stimmen vom unteren Ende des Tisches: "Beschäftigungstherapie", "Wer soll denn das alles lesen?", "Wann soll ich denn das noch machen?"

"Also, meine Herren," Herrn Maiers Stimme wird eine Spur schärfer und lauter, "bitte klären Sie das mit Herrn Schmidt." Das Gemurmel verstummt wieder.

"Also, wo waren wir stehen geblieben? Ach ja, der Doppelcolor. Herr Sauermann, vielleicht können Sie mal einen kurzen Überblick über den Stand der Dinge geben. Bitte."

"Könnte ich dazu die Unterlage haben, die ich Ihnen gestern hereingegeben habe? Sie wollten sie heute mitbringen."

"Ach, wie ärgerlich, die liegt jetzt auf dem Schreibtisch bei den anderen Sachen. Daß aber auch Frau Frei an nichts denkt! Vielleicht rufen Sie mal eben Frau Frei an, daß sie sie herunter bringt."

"Frau Frei ist, soweit ich weiß, zum Arzt gegangen."

"Na ja, Sie werden das ja in großen Zügen im Kopf haben, und auf die Details kommt es ja jetzt nicht so genau an. Also, wie steht's denn jetzt?"

"Bevor wir anfangen, hätte ich noch einen eiligen Punkt." Herr Gerber ist Leiter der Werbeabteilung. Er rutscht schon eine Weile auf seinem Sessel hin und her. "Wir müssen noch unbedingt die Farben für das Cover festlegen. Heute nachmittag kommt die Werbeagentur, und wenn wir die Termine halten wollen, muß ich denen heute die Farbnuancen sagen können."

"Wieso", fragt Herr Sauermann irritiert, "soweit sind wir doch noch gar nicht mit dem Doppelcolor."

"Ich meine ja auch nicht den Doppelcolor, sondern die Kampagne für den Nagellack-Spray."

"Aber das ist doch heute gar nicht das Thema."

"Ja, da kann ich doch nichts dafür. Jedenfalls ist das viel dringender als die Doppelcolor-Kampagne."

"Ja, Herr Gerber," Herr Maier übernimmt wieder die Führung, "hätten Sie damit nicht ein bißchen früher kommen können?"

"An mir hat's nicht gelegen. Meine Vorlage für die Verpackungsstärke lag 14 Tage beim Vorstand. Ich habe erst gestern abend die Entscheidung bekommen."

"Na gut, Herr Pieper war ja die letzte Woche in Miami und ist erst am Wochenende wiedergekommen. Da ging's halt nicht schneller. Also, was machen wir denn da nun? Am besten setzen Sie sich nach der Sitzung mit den betroffenen Herren zusammen und einigen sich. Da stecken ja wohl keine großen Probleme mehr drin."

Herr Gerber lehnt sich in seinen Sessel zurück. Für ihn ist die Sitzung gelaufen. Offenbar formuliert er schon in Gedanken die Aktennotiz, mit der er die Terminverzögerung begründet.

"So, also jetzt der Doppelcolor, wie steht es nun damit, Herr Sauermann?"

"Nach den Marktanalysen, die uns das MaFo-Institut geliefert hat, sollten wir uns in der Einführung zunächst auf den Fachhandel beschränken. Als Testmarkt käme der süddeutsche Raum, und zwar hier besonders die Städte über 500.000 Einwohner in Frage."

"Wenn ich hier mal unterbrechen darf", wirft Herr Walter, Leiter der Marktbeobachtung ein. "Ich habe immer wieder vor den Analysen des MaFo-Instituts gewarnt. Der methodische Ansatz ist durchaus um-

stritten, insbesondere wenn man bedenkt, daß die
Auswahl ..."

"Herr Walter, wenn ich Sie mal unterbrechen darf",
Herr Maier eilt seinem Adlatus, der ein bißchen
hilflos in seinen Papieren gesucht hat, zur Hilfe.
"Wir kennen Ihre Meinung dazu ja. Außerdem wissen
Sie doch, daß Herr Pieper die Arbeit von MaFo
besonders schätzt. Also lassen wir das doch besser."

"Wie Sie meinen!" Jetzt lehnt sich auch Herr Walter in seinen Sessel zurück, um sich für den Rest
der Sitzung in Schweigen zu hüllen.

Herr Sauermann macht einen neuen Anlauf. Da ihm
seine Unterlage fehlt, blättert er nervös in Papieren, die mit dem Thema nichts zu tun haben.
Während seines - verständlicherweise weder flüssi-
gen noch präzisen - Vortrags lehnt sich ein Teilnehmer nach dem anderen zurück. Manche spielen mit
dem Bleistift, andere vertiefen sich in Papiere,
die vor ihnen liegen, besonders Glückliche, die
einen Ausblick ins Freie haben, genießen den Blick
auf die sonnendurchfluteten Kastanien vor dem
Haus.

"Ja, vielen Dank, Herr Sauermann," übernimmt nun
Herr Maier wieder, nachdem Herr Sauermann geendet
hat. "Sie sehen, meine Herren, daß da noch eine
Menge Arbeit auf uns zukommt. Im großen und ganzen
wissen Sie ja, was zu tun ist. Ich möchte Sie aber
nochmals besonders darauf aufmerksam machen, was
für unser Unternehmen davon abhängt, daß der Dop-
pel-Color zu einem Erfolg wird. Wir haben das in
allererster Linie in der Hand, und ich möchte
nicht, daß es später heißt, es habe an Marketing
gelegen, wenn der Doppelcolor nicht so einschlägt,
wie wir es erwarten. So, das wär's ja dann wohl
für heute, oder war noch was? ... Na gut. Ach ja,
wegen des Themas für die nächste Sitzung wenden
Sie sich doch bitte an Herrn Sauermann. Der wird
das wieder koordinieren. Ich danke Ihnen für Ihre
Mitarbeit."

                            -.-

So oder ähnlich laufen täglich tausende von Besprechungen in Industrie und Handel, in Verwaltung

und Politik, in Schulen oder Vereinen ab. Man darf sich nicht wundern, wenn schon der Begriff "Besprechung" ein Synonym für Ergebnislosigkeit, Langeweile und Frustration geworden ist.

-.-

Nachgespräche

Nach Abschluß der Sitzung hatten wir Gelegenheit, mit einzelnen Teilnehmern kurze Gespräche zu führen. Hier die Ergebnisse:

Herr Maier   "Herr Maier, darf ich Sie etwas fragen?"

"Wenn's sein muß, aber bitte schnell, ich habe nicht viel Zeit. Worum geht's denn?"

"Sie haben die Abteilungssitzung eben geleitet. Wie zufrieden sind Sie mit Verlauf und Ergebnis?"

"Ach, wissen Sie, diese Abteilungssitzung. Eigentlich ist die reine Zeitverschwendung. Die Leute sind ja so desinteressiert. Keiner macht den Mund auf, nur wenn es um Kleinkram geht. Und da kommen auch immer wieder die selben Sachen auf den Tisch."

"Wäre es denn dann nicht besser, die Sitzung einfach ausfallen zu lassen?"

"Also, wissen Sie, einer muß den Leuten doch sagen, wo's lang geht. Sonst tut ja überhaupt keiner mehr was. Und jetzt wissen wenigstens alle, was sie bei dieser Doppelcolor-Einführung zu tun haben."

"Sind Sie da so sicher?"

"Also, ich muß jetzt in die nächste Sitzung. Auf Wiedersehen."

Herr Sauermann   "Herr Sauermann, Sie hatten in der Abteilungssitzung die Hauptaufgabe, nämlich über den Stand der Doppelcolor-Kampagne zu informieren. Haben Sie den Eindruck, daß die Informationen angekommen sind?"

"Na ja, das war schon ein bißchen verunglückt. Herr Maier hatte ja das Papier nicht dabei, und da mußte ich eben ..."

"Haben Sie denn den Eindruck, daß die Teilnehmer die wichtigsten Fakten mitbekommen haben und nun wissen, was sie zu tun haben?"

"Also, ich finde diese Sitzung völlig überflüssig. Am besten wäre es, ein Rundschreiben herumzuschikken, in dem alles drin steht, und jedem die Anweisung zu geben, was er zu tun hat. Dann könnte man sich die ganze Sitzung sparen. Aber Herr Maier meint ja, es müsse alles 'im Dialog' gehen, wie er sagt. Wenn Sie mich fragen ..."

"Glauben Sie denn, daß ein Rundschreiben wirklich gelesen und umgesetzt wird?"

"Ich kann dann wenigstens nachweisen, daß ich informiert habe. Und es läßt sich dann auch leichter nachweisen, wer gepennt hat und wer nicht. Bei uns müßte überhaupt viel straffer geführt werden."

Herr Schmidt

"Herr Schmidt, werden Sie mit der Auswertung der Zeitschriften nach dieser Abteilungssitzung nun besser zurandekommen?"

"Keine Spur! Das ist überhaupt so ein Steckenpferd von Herrn Maier, an dem keiner sonst interessiert ist. Und er braucht es gar nicht, denn er liest ohnehin alle Zeitschriften."

"In der Sitzung sagte aber Herr Maier, die Herren aus den Abteilungen hätten diese Auswertung gewünscht."

"I wo. Wissen Sie, wie das zustande kam? In der vorigen Sitzung sagte Herr Maier: 'Meine Herren, wir haben viel zu wenig Überblick darüber, was in unseren Fachzeitschriften diskutiert wird. Sie sind doch sicher mit mir der Meinung, daß wir da dringend eine regelmäßige Dokumentation brauchen.' Da hat natürlich keiner widersprochen. Und dann hat er noch gesagt, daß ich das übernehmen soll und daß mir alle ihre Auswertungswünsche sagen sollen. Da haben alle still vor sich hingeguckt, und dann war die Sitzung zuende."

"Und wie geht das nun weiter?"

"Ach, daß muß man nicht so ernst nehmen. Das verläuft sich bald im Sande, und in der nächsten
Sitzung hat sich Herr Maier was anderes ausge-
dacht."

"Ja, wenn das so ist ... Dann vielen Dank!"

Herr Gerber

"Herr Gerber, Sie hatten ja nun eigentlich ein
ganz anderes Problem, als auf dieser Sitzung auf
der Tagesordung stand. Sie haben eben noch mit
einigen Herren zusammengestanden. Haben Sie denn
nun Ihre Entscheidung wegen der Coverfarben?"

"Wo denken Sie hin. Da legt sich doch keiner fest,
wenn sich der Chef noch nicht klar geäußert hat.
Deshalb habe ich das ja bei der Sitzung angesprochen, damit Herr Maier endlich mal eine Entscheidung trifft, aber er hat sich ja wieder einmal
gedrückt."

"Wie kommen Sie denn nun an Ihre Entscheidung?"

"Oh, da habe ich schon so meine Möglichkeiten.
Übermorgen fliege ich zum Beispiel mit Herrn Pieper in der gleichen Maschine. Und von dem bekomme
ich dann schon, was ich brauche."

"Meinen Sie nicht, daß Ihre Kollegen da aus ihrer
Sicht auch etwas beitragen könnten?"

"Da legt sich doch keiner offen fest. Wenn man mal
falsch gelegen hat, kriegt man das noch jahrelang
aufs Butterbrot geschmiert. Sie haben ja miter-
lebt, wie Herr Walter eins über die Rübe bekommen
hat, nur weil er vor zwei Jahren mal nachgewiesen
hat, daß das MaFo-Institut Mist gebaut hat."

"Finden Sie das denn gut, wie das so bei Ihnen
läuft?"

"Ach, da muß halt jeder selbst sehen, wie er
zurecht kommt. Ich kann damit leben."

Herr Walter

"Herr Walter, Sie sind eben in der Sitzung nicht
so recht durchgedrungen mit Ihrer Ansicht über das
MaFo-Institut."

"Also, ich verbrenne mir nicht noch mal den Mund.
Ich sage gar nichts mehr. Auf Wiedersehen!"

Frau Petersen   "Frau Petersen, Sie waren doch auch eben in der
                     Abteilungssitzung. Sie haben aber gar nichts ge-
                     sagt. Hatten Sie mit dem Thema nichts zu tun oder
                     hatten Sie keine eigenen Punkte für diese Sit-
                     zung?"

                     "Doch, ich bin sogar zentral betroffen, denn ich
                     koordiniere die Aktivitäten von Marketing und Ver-
                     trieb. Aber Sie haben ja gesehen, daß eine Diskus-
                     sion gar nicht möglich ist. Ein paar von den
                     Abteilungsleitern breiten stolz ihre Pfauenfedern
                     aus, und wenn sie sich genügend produziert haben,
                     ist die Sitzung für sie ein Erfolg gewesen. Mehr
                     soll doch dabei gar nicht herauskommen."

                     "Wie müßte es denn nach Ihrer Meinung laufen,
                     damit etwas dabei herauskommt?"

                     "Es müßte halt jeder zu Wort kommen können. Und
                     die Argumente von jedem müßten gleich wichtig
                     sein. Denn wir haben ja alle unsere Erfahrungen.
                     Und man müßte halt aufeinander hören. Und dann
                     müßte es einen richtigen roten Faden geben, damit
                     man mal was ausdiskutieren kann. Ja, und zum
                     Schluß sollte wirklich jeder wissen, was er zu tun
                     hat, was noch zu entscheiden ist und wie es weiter
                     geht. Und dann müßte auch mal überprüft werden, ob
                     denn die Sachen nun gemacht worden sind, die in
                     Auftrag geben wurden. Wenn da ein bißchen mehr
                     Struktur drin wäre, dann könnte auch was dabei
                     herauskommen. Vielleicht würden wir dann ein rich-
                     tiges Team, in dem miteinander und nicht gegen-
                     einander gearbeitet wird. Aber ob das geht...?"

                     Vielleicht lesen Sie einmal, wie wir uns vorstel-
                     len, wie es gehen könnte - und wie wir es viele,
                     viele Male gemacht haben:

2.2 Besprechung, wie sie sein kann - oder: wie auch etwas dabei herauskommen kann.

Vorbereitung

Die Szenerie hat sich nun ein bißchen verändert: 15 Stühle stehen in einem dreiviertel Kreis, an der Seitenwand gegenüber stehen drei Stelltafeln, mit Packpapier bespannt. Die Packpapiere sind beschrieben, aber offensichtlich soll man sie noch nicht lesen können, denn sie sind noch verhängt. Neben den Tafeln stehen ein Flipchart und ein Kasten, in dem sich Filzstifte verschiedener Größe und Farbe, Pinnadeln, Klebestifte und Karten verschiedener Farben befinden.

Während Herr Sauermann die Tafeln richtet und das Material überprüft, betreten die ersten Sitzungsteilnehmer den Raum. Da sie es gewohnt sind, daß ihre Abteilungssitzung "moderiert" wird, erstaunt sie die Herrichtung des Raums nicht. Im Gegenteil, sie fühlen sich lockerer und entspannter, wenn sie sich nicht an einem großen Konferenztisch gegenübersitzen, als wären sie zwei Verhandlungsdelegationen. Die freie Aufstellung der Stühle verschafft ihnen eine Beweglichkeit, die sich auch im Umgang miteinander ausdrückt.

Begrüßung
Anwärmen

Als letzter erscheint Herr Maier, der sich mit einem Seufzer der Erleichterung in einen Stuhl fallen läßt. "Mein Gott, ich komme gerade aus einer dieser schrecklichen Hauptabteilungsleitersitzungen. War das wieder ein Geziehe und Gezerre. Gott sei Dank haben wir das ja hier anders organisiert! - Also, dann kann's ja losgehen. Wer moderiert uns denn heute? Ach ja, Herr Sauermann."

"Wir haben uns für heute vorgenommen, einmal ausführlich über die Einführung des Doppelcolcor-Lippenstifts zu sprechen. Aber vielleicht gibt es sonst noch dringende Themen, die wir auch besprechen sollten. Ich habe eine Tagesordnung hier auf dem Flipchart vorbereitet."

**Problem-und
Themenorientierung**

Herr Sauermann schlägt die Flipchart-Seite um, auf der folgendes steht:

"Gibt es noch weitere Themen für heute", fragt er in die Runde. Herr Gerber hat einen Wunsch: "Wir müßten dringend die Farbnuancen für die Verpackung des Nagellack-Sprays festlegen. Könnten wir das nicht heute auch gleich machen?"

"Gibt es Einwände dagegen", wendet sich Herr Sauermann an die Gruppe. Ihr Schweigen interpretiert er als Zustimmung und schreibt "Farbnuancen Nagellackspray" unter Nr. 2 auf den Flipchart.

"Noch etwas?"

"Ja, ich hätte noch etwas", sagt Herr Maier. "Ich würde gerne wissen, wie es mit der Auswertung der Zeitschriften läuft. Ich bin damit jedenfalls noch nicht ganz zufrieden."

Nach einem prüfenden Blick in die Runde trägt Herr Sauermann auch dieses Thema auf dem Flipchart ein. "Gibt es noch weitere Wünsche?" Da keine Vorschläge mehr kommen, kann sich Herr Sauermann nun dem nächsten Schritt zuwenden:

"Dann müssen wir noch klären, in welcher Reihenfolge wir die Themen behandeln und wieviel Zeit wir uns dafür nehmen wollen. Herr Gerber, was meinen Sie, wie lange dauert Ihr Punkt?"

"Wir sind da schon so weit, daß das eigentlich in 10 Minuten erledigt sein müßte." Herr Sauermann trägt "10 Min" in die Zeitspalte ein. Und das andere Thema, wie lange wird das dauern?" - "Das sollte eigentlich auch nicht mehr Zeit kosten, nachdem die Frage ja im Prinzip schon geklärt war." Also auch hier "10 Min" für die Zeitspalte.

"Und womit wollen wir beginnen?"

"Ich finde", meldet sich Frau Petersen zu Wort, "wir sollten die Nebenthemen am Anfang schnell erledigen, damit wir uns auf das Hauptthema konzentrieren können. Für mich ist es sehr wichtig, daß wir ausführlich darüber sprechen."

"Dann schlage ich vor, daß wir mit Herrn Gerbers Thema beginnen - 'Priorität A' -, dann die Zeitschriftenauswertung nehmen - 'Priorität B' - und den Rest der Zeit, das sind dann noch gut einein-halb Stunden, dem Doppelcolorstift geben. Sind Sie damit einverstanden?" Es gibt keine Einwände, und so sieht die gemeinsam erarbeitete Tagesordnung nun so aus:

Tagesordnung

Themen	Reihenfolge	Zeit
1. Einführung des Doppel-color-Lippenstifts	C	100 Min.
2. Farbnuancen Nagellackspray	A	10 Min.
3. Auswertung Zeitschriften	B	10 Min.
4.		

"Herr Gerber, Sie sind dran!"

Information

Herr Gerber hat ein Muster des beschlossenen Verpackungsmaterials mitgebracht und zeigt, daß die Farbwerte bei verschiedenen Packungen unterschiedlich herauskommen. Da er weiß, daß Farbfragen letztlich Glaubensfragen sind, hat er auch gleich einen Auswahlvorschlag mitgebracht. Herr Maier meldet noch Bedenken an, läßt sich aber überzeugen, als ihm gezeigt wird, wie sich diese Verpackung neben den anderen Produkten auf dem Verkaufs-

Kurzdiskussion

regal ausmachen wird. Auf diese Weise kommt nach

kurzer Zeit - die 10 Min. sind kaum ausgenutzt worden - ein gemeinsamer Vorschlag zustande. Alles weitere liegt nun bei Herrn Gerber, der sich, nachdem sein vordringliches Problem gelöst ist, voll auf die weiteren Probleme konzentrieren kann.

Beziehungs-
probleme

Mit dem nächsten Thema, der Auswertung der Zeitschriften, geht es nicht so reibungslos. Es zeigt sich, daß sich die Abteilungsleiter von Herrn Maier überfahren gefühlt haben, als er letztes Mal dieses Thema, wie sie sagen, "durchgepaukt" hat. Sie fühlen sich von ihm bevormundet und erklären, daß sie schon selbst wüßten, was sie lesen müssen und was nicht. Herr Maier ist nicht überzeugt. Er findet, daß zu wenig von dem, was sich draußen tut, in der Firma aufgenommen und umgesetzt wird. Die Stimmung wird erregter, die Worte und Stimmen nehmen an Schärfe zu, und es ist kein Wunder, daß die vereinbarte Zeit überschritten wird.

Herr Sauermann, der sich an der Diskussion nicht beteiligt hat, greift nun ein:

"Mir scheint, daß das doch ein umfangreicheres Thema ist. Wir sollten überlegen, ob wir das jetzt weiterdiskutieren wollen, zu Lasten unseres anderen Themas, oder ob wir uns bei einer anderen Sitzung mehr Zeit dafür nehmen wollen."

Mehrere Teilnehmer sprechen sich dafür aus, das Thema zu vertagen. "Gut", sagt Herr Sauermann, "wie soll das Thema lauten und wann wollen wir es uns vornehmen?"

Herr Kefer, der sich besonders intensiv an der Debatte beteiligt hatte, schlägt vor, einmal eine Abteilungssitzung dem Thema zu widmen, "wie es eigentlich um unsere Kreativität bestellt ist, wie zufrieden wir damit sind und was wir verbessern können." Der Vorschlag wird von den anderen aufgegriffen, denn die Formulierung trifft das Problem von Herrn Maier, ohne daß der stille Vorwurf, den Herr Maier angedeutet hat, enthalten ist. Herr Kefer erklärt sich auch bereit, die nächste Sitzung zu diesem Thema zu moderieren und sie auch inhaltlich vorzubereiten.

Seit Sitzungsbeginn ist nun insgesamt etwa eine halbe Stunde vergangen, und einige drängen darauf, sich nun dem eigentlichen Thema des Tages zu widmen.

Information	Herr Sauermann klappt ein Plakat auf und erläutert: "Ich habe da mal ein paar Daten zur Kampagne für den Doppelcolor-Lippenstift zusammengestellt, die vielleicht für Sie interessant sind. Ich möchte die Daten kurz erläutern. Wenn Sie Fragen, Einwände oder Bemerkungen haben, notieren Sie sie doch bitte auf Kärtchen. Ich sortiere die Karten dann anschließend mit Ihnen und wir diskutieren die Frage nacheinander." Die Gruppe kommt in Bewegung. Jeder holt sich aus dem Kasten einen Stapel Karten und einen Filzstift. Nachdem wieder Ruhe eingekehrt ist, beginnt Herr Sauermann mit seinem kurzen Referat.

Anhand des ersten Plakats erläutert er die wichtigsten Marktforschungsdaten, auf einem zweiten Plakat sind die Maßnahmen verzeichnet, die bisher ergriffen wurden und, in einer anderen Farbe, die Schritte, die aus Sicht der Abteilungsleitung als nächste eingeleitet werden müssen.

Nach ca. 10 Minuten ist sein Kurzreferat beendet. Die Teilnehmer haben ihre Fragen und Einwände notiert, die Herr Sauermann jetzt einsammelt. |
| Problembearbeitung | Währenddessen bittet er Herrn Kefer, die beiden Plakate von der Stellwand abzunehmen und mit Tesakrepp an die Wand zu hängen. Die Stelltafeln dreht er um, es erscheinen zwei leere Plakate, lediglich mit der Überschrift "Doppelcolor-Kampagne" versehen

Herr Sauermann liest nun jede Karte vor und zeigt sie dabei der Gruppe, die entscheidet, welche Karten zum selben Themenbereich gehören und zusammen auf das Plakat gehängt werden sollen. Die Karten werden einzeln mit Pinnadeln auf die Stelltafeln gehängt. So entstehen "Kartenklumpen", die jeweils Themenbereiche bilden. Aus den etwa 50 Karten, die Herr Sauermann bekommen hat, sind acht Themenbereiche geworden. |

Herr Sauermann klappt nun auch das dritte Plakat
herunter, das folgende Struktur zeigt:

Themen:	
Thema	**Bemerkung**
1	
2	
3	

Für die einzelnen Kartenklumpen werden Überschriften gefunden, die in den "Themenspeicher", das
dritte Plakat, eingetragen werden.

Bevor Herr Sauermann die Diskussion eröffnet,
fragt er noch, ob es noch weitere Punkte gibt, die
zu diesem Themenkomplex diskutiert werden müssen.
Das Plakat wird noch um zwei weitere Punkte ergänzt, und nun kann die Diskussion beginnen. Nacheinander werden die Punkte besprochen, das Diskus-
sionsergebnis wird in der letzten Spalte in Stichworten festgehalten. Ein Diskussionspunkt ist erst
abgehakt, wenn alle Teilnehmer mit dem auf dem
Plakat formulierten Ergebnis einverstanden sind.
Jeder hat die Möglichkeit mitzureden, jeder Beitrag ist so wichtig wie der andere.

Obgleich einige heiße Punkte diskutiert werden,
bleibt die Diskussion doch übersichtlich, denn
jeder weiß, wann sein wichtiger Punkt dran kommt.
Auch Herrn Walters Mißtrauen gegen die Marktforschungsdaten wird diskutiert. Die anderen Teilnehmer teilen seine Skepsis nicht, da man schon mehrfach auch gute Erfahrungen mit dem MaFo-Institut
gemacht habe. Herr Walter ist beruhigt, als auf
dem Plakat der Satz erscheint: "Herr Walter äußert
Bedenken gegen die Daten."

Frau Petersen engagiert sich besonders bei dem Punkt "Koordination der Verkaufsförderungsmaßnahmen". Sie erklärt sich bereit, mit den beiden anderen betroffenen Herren eine Ad-Hoc-Gruppe zu bilden, in der die Koordinationsfragen im einzelnen besprochen werden. Da hier schon konkrete Maßnahmen vorgschlagen werden, holt Herr Sauermann ein weiteres Plakat hervor, das er schon vorbereitet hat, den "Tätigkeitskatalog":

Tätigkeit	wer	mit wem	bis wann	an wen
1				
2				
3				
4				
5				

Er trägt den Vorschlag von Frau Petersen in die "Was"-Spalte ein, in die "Wer"-Spalte das Kurzzeichen von Frau Petersen und - nachdem er sich mit einem kurzen Blick vergewissert hat, daß die betroffenen Herren einverstanden sind, - deren Kurzzeichen in die "Mit Wem"-Spalte. Dann kann sich die Diskussion dem nächsten Punkt zuwenden.

Als alle Punkte besprochen sind und auch keine Ergänzungen mehr kommen, wendet sich Herr Sauermann dem "Tätigkeitskatalog" zu und fragt, ob es noch weitere Aktivitäten gibt, die festgehalten werden müssen. Die Teilnehmer überfliegen noch einmal die zehn Diskussionspunkte und schlagen einige Maßnahmen vor, die in gleicher Weise wie der Vorschlag von Frau Petersen aufgenommen werden. Als alle Tätigkeiten erfaßt sind, werden die Termine für die einzelnen Aktivitäten festgelegt und die Frage geklärt "an wen" das Ergebnis der jeweiligen Aktivitäten weitergeleitet werden soll.

**Simultan-
protokoll**

So nähert sich die Sitzung ihrem Ende. Herr Sauermann sagt zu, daß er die Plakate fotografieren
will und daraus ein "Simultanprotokoll" anfertigt,
das er jedem Teilnehmer zuschickt. Herr Maier
bittet ihn, den Tätigkeitskatalog zur nächsten
Sitzung noch einmal mitzubringen, damit festgestellt werden kann, ob die Aktivitäten erledigt
sind oder welche Gründe es gibt, wenn sie nicht
abgearbeitet wurden. Im übrigen wird noch einmal
festgehalten, daß die nächste Sitzung von Herrn
Kefer vorbereitet und moderiert wird.

Die Teilnehmer verlassen den Raum zufrieden, denn
jeder konnte sein Problem ansprechen und jeder
weiß auch von jedem anderen, was er in bezug auf
die Kampagne für den Doppelcolor-Lippenstift zu
tun hat.

3. Beispiele für eine Moderation

3.1 Einführung in die Beispielabläufe

Unterschiede/
Gemeinsamkeiten

Bevor wir Sie in die einzelnen Elemente der ModerationsMethode einführen, möchten wir Ihnen einige Beispiele zeigen, wie KurzModerationen in verschiedenen Bereichen ablaufen können. Zum Teil beruhen sie auf Abläufen, die wir selbst durchgeführt haben, zum Teil sind es unsere Vorschläge, wie wir in diesem Bereich bei der gegebenen Problemsituation vorgehen würden.

Wir wollen damit nicht ausdrücken, daß man in diesem Bereich in dieser Situation nur so und nicht anders vorgehen könne. Die Beispiele stellen vielmehr jeweils eine von vielen Möglichkeiten dar, von denen wir allerdings mit einiger Sicherheit sagen können, daß sie in der angegebenen Zeit zu zufriedenstellenden Lösungen führen.

Wir haben absichtlich sehr unterschiedliche Anwendungsbereiche gewählt, denn in unserer Moderatorenausbildung hören wir immer wieder: "Ja, in der Industrie kann man das machen, aber nicht bei uns." Oder auch umgekehrt: "Wir sind da besonders weit, aber versuchen Sie nur ja nicht, so etwas im X-Bereich durchzuführen!" Wir stellen uns deshalb vor, daß Sie sich am leichtesten eine Vorstellung von der ModerationsMethode machen können, wenn Sie sich Beispielabläufe ansehen, die Ihrem Erfahrungsbereich nahe liegen.

Tatsächlich ist aber unsere Erfahrung in der Anwendung der ModerationsMethode in allen hier vorgestellten Bereichen, daß die Unterschiede so groß nicht sind. Viel entscheidender ist zum einen die Haltung des Moderators, das heißt die Art und Weise, wie er mit der Gruppe und dem Problem umgeht, zum anderen die Bereitschaft der Teilnehmer, sich auf eine kooperative Problemlösung einzulassen. Und diese Unterschiede haben mehr mit den beteiligten Menschen als mit gesellschaftlichen Bereichen zu tun. Unser Vorschlag ist deshalb, daß Sie sich nicht nur mit den Abläufen aus dem Ihnen geläufigen Bereich beschäftigen, sondern sich auch die anderen ansehen. Sie werden dabei feststellen, daß die Probleme sich häufig ähneln und daß die Methoden innerhalb der einzelnen Ablaufphasen bis zu einem gewissen Grad gegeneinander austauschbar sind.

Schema   Die Abläufe sind alle nach einem einheitlichen Schema aufgebaut:

Zunächst ist aus dem Inhaltverzeichnis erkennbar, in welchem Bereich die Abläufe durchgeführt wurden, also im betrieblichen Bereich, in Gremien- und Ausschußarbeit, in der Schule oder der Hochschule, ob sie dem Erfahrungsaustausch oder der Selbstorganisation von Gruppen dienten.

Gegebenenfalls nennt der Titel den Teilbereich, es folgt das **Anwendungsfeld** innerhalb dieses Teilbereichs. Das **Thema** spricht den aktuellen Anlaß an, unter dem die Gruppe zusammengekommen ist. Unter **Teilnehmer** sind Zahl und Untergruppierung der Gruppe genannt, unter **Moderatoren** stehen diejenigen, die aus der Gruppe heraus oder von außerhalb die Moderation durchführen.

Moderationen entstehen nicht aus heiterem Himmel. Sie haben in der Regel eine Vorgeschichte, die wichtig ist für den Aufbau der Moderation. So ist es entscheidend, ob die Gruppe sich schon kennt, ob sie schon anderes ausprobiert hat, ob sie sich auf einem gemeinsamen Informationsstand befindet usw.

Der Aufwand einer Moderation lohnt sich nur, wenn unterschiedliche Meinungen und Interessen ausgetauscht werden müssen, um zu einer gemeinsamen Lösung zu kommen. Wenn alle sich einig sind oder aber nicht an einer gemeinsamen Lösung interessiert sind, hat es meist nicht viel Sinn zu moderieren. Deshalb beschreiben wir unter **Interessen und Konflikte** (gelegentlich auch **Ziele**), welche Probleme auf der Sach- und der Beziehungsebene berücksichtigt werden müssen. Die **Situation** beschreibt schließlich die aktuellen räumlich-zeitlichen Gegebenheiten, wo notwendig auch die aktuellen Vorstellungen, mit denen die Teilnehmer in die Moderation gehen.

Für die Beschreibung des Moderationsablaufs haben wir folgendes allgemeine Schema gewählt:

"Phasen" nimmt Bezug auf die Einteilung, die wir im Kapitel 4 gewählt haben, um die Methoden zu beschreiben. Sie weisen darauf hin, daß jede Moderation, wie kurz oder lang sie auch immer ist, diese Phasen durchlaufen soll.

"Moderationsschritt" nennen wir die einzelnen Moderationsaktivitäten. In der Regel sind es Fragen, die die Moderatoren der Gruppe stellen oder Arbeitsanweisungen, die sie der Gruppe geben, damit sie arbeiten kann. Wir haben die Fragen jeweils wörtlich formuliert und visualisiert. Wir empfehlen Ihnen, in Ihrer Moderation das gleiche zu tun, denn nur eine wörtlich formulierte Frage wird von der Gruppe genau so verstanden, wie Sie sie gemeint haben. Mit "!!" weisen wir Sie darauf hin, was Sie besonders beachten sollten. Es sind "Fehler", die wir in der Praxis immer wieder erleben.

"Plakat" gibt Ihnen die Zahl und Art der Plakate oder anderer Hilfsmittel an. Diese Spalte ist wichtig, denn sie können aus ihr leicht entnehmen, was Sie vor der Moderation vorbereiten müssen.

Unter "Zeit" haben wir reale Uhrzeiten angegeben. Wir empfehlen Ihnen auch hier, die gleiche Form der Zeitangabe zu wählen, denn Sie können so während der Moderation leichter kontrollieren, ob Sie sich noch in dem vorgeplanten Zeitrahmen befinden oder nicht.

Viele Abläufe enden mit einer Nachbemerkung. Sie gibt entweder Hinweise auf den Prozeß, soweit er sich aus dem Ablauf nicht unmittelbar ersehen läßt, oder auf Nachwirkungen, die diese Moderation gehabt hat.

Aus dem Durchlesen der Abläufe werden Sie nur einen begrenzten Nutzen ziehen können. Was an der ModerationsMethode dran ist und wie sie Ihnen nutzen kann, werden Sie erst feststellen, wenn Sie sie ausprobieren. Dabei können Sie sich an der Art und Weise orientieren, wie viele Menschen Schachspielen gelernt haben: durch das Nachspielen von Partien. Hierbei kann es von Nutzen sein, eine

Partie genau so zu spielen, wie sie vorgegeben ist
(in unserem Fall einen Ablauf genau so durchzuführen, wie wir ihn vorgeschlagen haben). So bekommen
Sie ein Gefühl dafür, ob die Vorgehensweise für
Sie und für Ihre Situation paßt. Einen ähnlichen
Lerneffekt erzielen Sie aber auch, wenn Sie von
sich aus Varianten einbauen, die Sie ausprobieren
wollen.

Tips

Drei Tips möchten wir Ihnen noch zum Schluß geben:

* Suchen Sie sich als Lernsituationen solche
  Gelegenheiten, in denen Sie sich sicher fühlen, in denen Sie sich gestatten können,
  Fehler zu machen, in denen Sie z.B. mit dem
  Wohlwollen der Gruppe rechnen können oder in
  denen Sie zugeben können, daß Sie selbst noch
  lernen und etwas ausprobieren wollen.

* Wenn Sie sich nicht von Anfang an einen ganzen Ablauf zutrauen, probieren Sie erst einmal einzelne Methoden aus, z.B. eine Punktfrage oder eine Kartenfrage. Setzen Sie erst
  dann, wenn Sie darin genügend Übung haben,
  mehrere Moderationsschritte zu einem Ablauf
  zusammen.

* Tun Sie nur das, was Sie vertreten können.
  Wenn Ihnen eine Methode nicht paßt, sie ihnen
  zu schwerfällig oder zu spielerisch ist,
  suchen Sie sich lieber eine andere Methode,
  mit der Sie sich wohlfühlen. Ihre Teilnehmer
  werden Ihnen nur das abnehmen, wozu sie stehen können.

Was uns, insbesondere am Anfang, immer wieder
überrascht hat, war, wie sehr die ModerationsMethode ein Selbstgänger ist. Gerade in Situationen,
in denen wir die Befürchtung hatten, daß die Gruppe nicht mitmacht, haben wir immer wieder erlebt,
wie begeistert die Gruppen waren, daß sie selbst
tätig werden durften, daß sie sich auf ihre eigene
Kompetenz und Kreativität verlassen konnten, und
daß sie dankbar waren für das Vertrauen, das in
sie gesetzt wurde.

Solche Erlebnisse wünschen wir Ihnen auch!

	3.2.1
Titel:	Abteilungssitzung
Anwendungsfeld:	Mitarbeiterbesprechung
Thema:	Durchführung einer regelmäßigen Sitzung
Teilnehmer:	15 Abteilungs- und Gruppenleiter einer Hauptabteilung einschl. Hauptabteilungsleiter
Moderator:	Ein Teilnehmer, in diesem Fall der Assistent des Hauptabteilungsleiters

Vorgeschichte: Die Hauptabteilung Marketing hält monatlich eine Sitzung der zu ihr gehörenden Gruppen- und Abteilungsleiter ab. Nachdem unter den Teilnehmern Ärger über den unproduktiven Verlauf enstanden war, haben sich zwei Teilnehmer mit der ModerationsMethode beschäftigt und mit Zustimmung des Hauptabteilungsleiters einmal einen Versuch gestartet, diese Sitzung zu moderieren. Der Versuch verlief positiv, und nach mehrmaliger Anwendung der ModerationsMethode war die meisten Teilnehmer in der Lage, die ModerationsMethode in dieser Art von Sitzung anzuwenden.

Ziele, Interessen und Konflikte: Da alle Teilnehmer stark beschäftigt sind, haben alle das Interesse, daß aus der Zeit, die sie zusammensitzen, möglichst viel herauskommt. Der Hauptabteilungsleiter ist daran interessiert, daß die Koordination zwischen den Abteilungen funktioniert und daß die Führungskräfte seiner Abteilung selbst die Verantwortung für ihren Koordinationsprozeß übernehmen. Die Abteilungs- und Gruppenleiter sind daran interessiert, ihre Leistungen gut herauszustellen und anerkannt zu werden. Da das nur geht, wenn sie von jedem Kollegen wissen, was er tut und wie seine Arbeit die eigene Arbeit beeinflußt, sind sie an einer offenen Diskussion interessiert. Sie haben festgestellt, daß sie damit alle weiter kommen, als wenn sie gegeneinander arbeiten. Alle Beteiligten haben festgestellt, daß diese Zusammenarbeit die Qualität der Arbeit der gesamten Hauptabteilung positiv beeinflußt hat.

Situation: Die Teilnehmer treffen sich zu ihrer monatlichen Sitzung um 10 Uhr im Besprechungsraum 4b. Der Moderator dieser Sitzung, Herr Sauermann, ist etwas früher da, um Tafeln aufzubauen und seine Moderation vorzubereiten.

Bemerkung: Es handelt sich hierbei um die formalisierte Darstellung der Moderation, die im zweiten Kapitel beschrieben wurde.

Phasen	Moderationsschritt	Plakat	Zeit
Themen-orientierung	Feststellen der Tagesordnung, der Reihenfolge der Themen und des Zeitbedarfs	1 vorbereit. Plakat	10.00-10.10

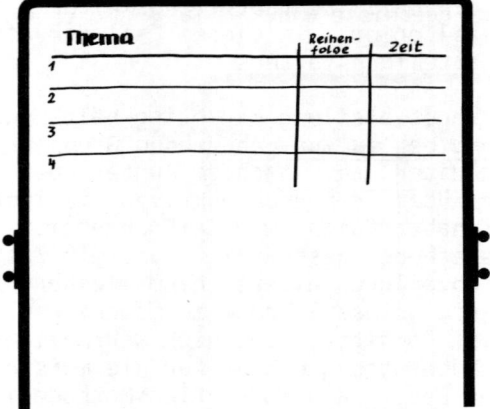

Phasen	Moderationsschritt	Plakat	Zeit
Themen-bearbeitung	Bearbeiten der Nebenthemen Ggf. notieren von Ergebnissen und Verabredungen auf Flipchart oder Plakat	Leerplakate Flipcharts	10.10-10.30
Information	Informationen zum Hauptthema Die Teilnehmer bekommen Karten, auf denen sie Diskussionspunkte notieren können.	vorb.Visu-alisierng.	10.30-10.40
Diskussion	Verlesen und gemeinsames Sortie-ren der Karten	2 vorbereit. Plakate	10.40-11.00

Phasen	Moderationsschritt	Plakat	Zeit
	Eintragen der Überschriften in den Speicher	1 vorbereit. Speicher	11.00-11.10
	Diskussion der einzelnen Punkte, Eintragen der Ergebnisse und Antworten in den Speicher		11.10-12.00

Handlungs- orientierung	Ausfüllen des Tätigkeitskatalogs	1 vorbereit. Tätigkeits- katalog	12.00-12.15

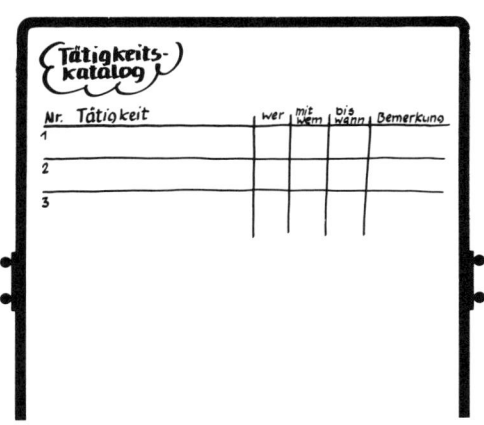

	Ende der Sitzung		12.15

Bemerkung: Dies ist ein sehr simpler Ablaufvorschlag. Wenn Sitzungen regelmäßig moderiert werden, empfiehlt es sich, immer mal wieder Varianten einzubauen, wie sie in anderen Abläufen gezeigt werden, um Langeweile zu vermeiden.

	3.2.2
Titel:	Zielvereinbarung in einem Projekt

Anwendungsfeld:	Projektarbeit
Thema:	Gemeinsame Zielvereinbarung über die Projektarbeit in einem EDV-Projekt
Teilnehmer:	5 Vertreter der betroffenen Fachabteilung
	2 Mitarbeiter der EDV-Abteilung
	1 Projektleiter (PL)
	1 Organisationsentwickler (OE)
Moderatoren:	der Projektleiter
	der Organisationsentwickler

Vorgeschichte: Im Rahmen des EDV-Projekts "Budget-Planung" hat sich herausgestellt, daß die Auftragsabwicklung (das ist die Bearbeitung eines Auftrags vom Angebot bis zur Auslieferung und Rechnungsstellung) nicht ausreichend transparent ist. Insbesondere wird bemängelt, daß das erforderliche Datenmaterial nicht so rechtzeitig zur Verfügung steht, daß kurzfristig Korrekturen in der Budget-Planung vorgenommen werden können. Die Fachabteilungen sind mit ihrer Auftragsabwicklung im Prinzip zufrieden, wollen aber die Gelegenheit wahrnehmen, ihre Arbeitsabläufe zu überprüfen.

Interessen und Konflikte:

1. Die EDV ist daran interessiert, Lösungen zu finden, die sich nahtlos in ihr EDV-Konzept einbauen lassen. Sie möchte deshalb Sonderwünsche so weit wie möglich abweisen.

2. Die Fachabteilungen sind daran interessiert, sich ihre Arbeit zu erleichtern und Lösungen zu finden, die optimal auf ihre Belange zugeschnitten sind. Darüber hinaus haben sie Wünsche an die Datenaufbereitung, da eine Reihe von Tätigkeiten bisher manuell durchgeführt werden müssen.

3. Der Organisationsentwickler möchte erreichen, daß die Betroffenen möglichst weitgehend an dem Planungsprozeß beteiligt werden.

Situation: Es findet die erste Projektsitzung statt.

Phasen	Moderationsschritt	Plakat	Zeit
Anwärmen	Begrüßung		9.00- 9.10
	Vorstellungsrunde: Name/Funktion/Bezug zu diesem Projekt		
	1-Punkt-Frage:	vorbereit. Plakat	9.10- 9.15

Stichworte zurufen lassen und
mitvisualisieren
!! Vorsicht: nicht selbst inter-
    pretieren!

Phasen	Moderationsschritt	Plakat	Zeit
Problem-orientierung	Informationen über Vorgeschich-te und Stand des Projekts	2-3 Plakate/ Flipcharts	9.25- 9.45

Kartenfrage: 1 Plakat mit   9.45-10.30
Frage,
1 Leerplakat

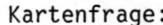

!! Karten von Teilnehmern zuordnen lassen
!! Noch keine Problemdiskussion,
   sondern Problemsammlung!

Themenspeicher erstellen: 1 vorb.
Plakat

Phasen	Moderationsschritt	Plakat	Zeit
	Bewerten: Bewertungsfrage: "Welche Themen sollten zuerst behandelt werden?"		10.30-10.40
	Pause		10.40-11.00
	Plenumsdiskussion in der Rei- henfolge der Themenbewertung. Ergebnisse mitvisualisieren	je Thema ein Leer- plakat	11.00-12.30
Handlungs- orien- tierung	gleichzeitig: Eröffnen des Tätigkeitskatalogs Aufnehmen von Tätigkeitsvor- schlägen	vorbereit. Katalog	
	Überprüfen des Tätigkeitskata- logs auf Tätigkeiten, die bis zur nächsten Sitzung angegangen werden müssen. Diese werden in den endgültigen Tätigkeitskatalog aufgenommen		12.30-12.40
	Komplettieren des Tätigkeits- katalogs: Ausfüllen aller Spalten		12.40-12.55

1-Punkt-Frage:

Ende der Sitzung   13.00

	3.2.3
Titel:	Außendienstbesprechung (AD-Besprechung)

Anwendungsfeld:	Mitarbeiterbesprechung
Thema:	Erfahrungsaustausch im Rahmen regelmäßig wiederkehrender Tagungen
Teilnehmer:	15 Vertreter verschiedener Außendienstbezirke 1 Leiter des Außendienstes (AL) 1 Assistent des Außendienstleiters 1 Personalreferent
Moderatoren:	der Assistent des Außendienstleiters der Personalreferent

Vorgeschichte: In diesem Unternehmen ist es üblich, daß die Außendienstmitarbeiter vierteljährlich einmal zusammenkommen, um über die geleistete Arbeit, die Vierteljahresergebnisse und die Aufgaben für die kommende Periode zu sprechen. In letzter Zeit verstärkte sich die Kritik an diesen Sitzungen, da sie immer mehr zur Befehlsausgabe durch den Außendienstleiter wurden und Diskussionen immer weniger möglich waren. Daraufhin beauftragte der Außendienstleiter seinen Assistenten, nach einer neuen Konferenzform zu suchen, die die Kritik der Mitarbeiter aufgreifen sollte. Die folgende Moderation hat der Assistent gemeinsam mit dem Personalreferenten entwickelt, mit dem er sie auch gemeinsam durchführt.

Interessen und Konflikte: Die Außendienstmitarbeiter möchten ihre Probleme offener ansprechen können, sie möchten mehr Erfahrungsaustausch untereinander herstellen und eigene Vorschläge einbringen können. Der Außendienstleiter möchte ein kooperatives Diskussionsklima, möchte aber auch erreichen, daß seine Vorgaben effektiver in die Tat umgesetzt werden. Der Assistent möchte sich durch eine neue Diskussionsmethode profilieren und der Personalreferent sieht mit der Moderation eine Möglichkeit, an den Außendienstbesprechungen teilzunehmen und dadurch besser die Personalprobleme dieser Mitarbeitergruppe kennenzulernen.

42

Situation: Diese Moderation umfaßt den ersten Nachmittag
                    einer auf eineinhalb Tage angesetzten Besprechung.
                    Die Teilnehmer haben am Vormittag noch in ihren
                    Gebieten gearbeitet. Sie sind zum Mittagessen
                    angereist, das sie jetzt hinter sich haben. Die
                    Moderatoren sind am Vormittag angereist, haben
                    ihre Tafeln aufgebaut und die Moderation technisch
                    und methodisch vorbereitet. Diese Moderation ist
                    als Experiment gedacht. Die Teilnehmer wollen
                    hinterher entscheiden, ob sie diese Sitzungsform
                    für die Zukunft übernehmen wollen.

Phasen	Moderationsschritt	Plakat	Zeit

Anwärmen   Begrüßung durch den AL   15.00-15.05
Bittet dabei die Teilnehmer, konstruktiv bei diesem Sitzungsexperiment mitzumachen.

Einführung in die Modertions-Methode   1 vorb. Plakat

Unsere AD-Besprechung einmal anders
- Was wir erreichen wollen:
  → mehr aktive Beteiligung
  → mehr Transparenz
  → mehr Spaß an der AD-Besprechung
- worum wir sie bitten:
  → erst einmal mitzumachen und die Methode erst am Ende zu diskutieren

1-Punkt-Frage: vorbereit. Plakat

Wie wichtig ist es für Sie eine neue Form für unsere Außendienstbesprechung zu finden?

sehr wichtig	wichtig	nicht wichtig	un- wichtig

!! Stichworte zu "Was möchten Sie anders haben" mitvisualisieren.

Phasen	Moderationsschritt	Plakat	Zeit

Anfangsblitzlicht:
"Was ist ihnen auf dem Weg zu dieser
Besprechung heute morgen durch den
Kopf gegangen?"
!! Aufpassen: Keine Diskussion,
    keine Bewertungen, keine
    Antworten!

15.15-15.30

Problem-
findung

Kartenfrage:

1 Frage-
plakat
2 Leerplakate

15.30-16.15

Worüber sollen wir
auf unserer AD-
Besprechung sprechen?

!! Karten gemeinsam mit den
    Teilnehmern ordnen

Themenspeicher erstellen

1 vorbereit.
Plakat

Ergänzung des Themenspeichers
durch den AL mit seinen Themen,
soweit sie die Teilnehmer noch
nicht genannt haben

Bewertung:
"Welche Themen sind für uns gemeinsam so wichtig, daß wir sie unbedingt besprechen sollten?"

Pause

16.15-16.30

Phasen	Moderationsschritt	Plakat	Zeit
Problem-bearbeitung	Bildung von Kleingruppen nach Interesse		16.30-16.40
	Kleingruppenarbeit nach folgendem Scenario:	je Kleingr. 1 vorb.Plakat	16.40-17.25

Vorstellen der Kleingruppenergeb-
nisse.   17.25-18.15
Ergänzung der Kleingruppenplakate
durch Plenumsteilnehmer, Sammeln   1 vorbereit.
von Fragen im Fragespeicher,   Speicher
Sammeln der Vorschläge im   1 vorbereit.
Vorschlagsspeicher   Speicher

!! Falls sich gegen bestimmte Vorschläge aus dem Plenum Wider-
spruch regt, diesen Vorschlag
entweder im Vorschlagsspeicher
mit ⚡ versehen oder das genaue
Problem in den Themenspeicher
für eine Neuwahl aufnehmen.

Beantwortung der Fragen durch AL.
Fragen, die nicht unmittelbar
beantwortet werden können, werden
auf Fragespeicher übernommen:

18.15-18.45

Schlußfrage:

Ende der Moderation

19.00

Bemerkungen: 1. Wenn noch ausführlicher über die Moderartions-
                  Methode gesprochen werden soll, bietet sich statt
                  der 1-Punkt-Schlußfrage eine Zuruffrage an: "Was
                  hat Ihnen an dieser Besprechungsform gefallen, was
                  nicht." Die Moderatoren visualisieren die Argumen-
                  te mit. Anschließend kann dann entschieden werden,
                  ob die ModerationsMethode auch am nächsten Tag
                  weiter angewendet werden soll.

                  2. An diesem Nachmittag konnten mit Sicherheit
                  noch nicht alle wichtigen Probleme diskutiert
                  werden. Wenn die Teilnehmer weiter mit der Modera-
                  tionsMethode arbeiten wollen, kann am nächsten
                  Morgen in gleicher Weise weiterverfahren werden.
                  Erfahrungsgemäß werden die Themen im zweiten
                  Durchlauf konkreter und damit effektiver bearbei-
                  tet.

                  3. Durch diesen Ablauf werden in gleicher Weise
                  die Interessen des Außendienstleiters wie auch der
                  Teilnehmer befriedigt, denn beide Seiten können
                  ihre Themen zur Sprache bringen, und der Außen-
                  dienstleiter hat die Möglichkeit, beim Beantworten
                  der Fragen seine Punkte anzusprechen, indem er sie
                  an die Aussagen der Teilnehmer anschließt.

Titel:	3.2.4 Einführung ausländischer Mitarbeiter
Anwendungsfeld:	Einführen neuer Mitarbeiter
Thema:	Begrüßung und Einführung eines zweimonatigen Aus-bildungskurses
Teilnehmer:	20 nordafrikanische Facharbeiter 2 Betreuer, die derselben Nationalität angehören aber deutsch sprechen und im Inland studieren
Moderatoren:	Leiter der Ausbildungsabteilung des betroffenen Unternehmens externer Moderator
Bedingung:	die Moderartion findet auf französich statt

Vorgeschichte: In einem nordafrikanischen Staat soll von einem deutschsprachigen Unternehmen eine Großanlage montiert werden. Eine Bedingung des Vertrages ist, daß nur einheimische Fachkräfte eingesetzt werden sollen. Es gibt aber keine Fachkräfte mit dem notwendigen know-how. Also wurde vertraglich vereinbart, daß vor Beginn der Montagearbeiten die einheimischen Fachkräfte an einer vergleichbaren Baustelle im deutschsprachigen Inland geschult werden sollen.

Interessen und Konflikte: Die Aufgabe, die Schulung zu organisieren und zu betreuen, hat die Ausbildungsabteilung übernommen. Es gibt keine Information über Qualifikation und Voraussetzungen der zu erwartenden Mitarbeiter. Aus einem bereits durchgeführten Kurs gibt es die Erfahrung, daß "Facharbeiter" etwas sehr Unterschiedliches bedeuten. Außerdem gab es Schwierigkeiten im sozialen Bereich mit der kurzfristigen Anpassung an die kulturelle und technische Umwelt. Erfahrungsgemäß können nur einige lesen und schreiben. Die "Facharbeiter" sprechen nur arabisch und französisch. Sie kommen aus der Wärme in einen mitteleuropäischen Winter (es ist Januar). Sie haben kein oder nur wenig Geld. Sie sind sicher nur mangelhaft informiert über das, was sie erwartet. Sie sind von ihren Familien getrennt und werden zwei Monate kaserniert neben der Großbaustelle wohnen, die isoliert und 30 km entfernt von der Großstadt entfernt liegt.

Situation: Es ist ein kalter nebeliger Januarvormittag. Es liegt viel Schnee. Die Moderation findet in einer Baubaracke neben der Großbaustelle statt. Es ist eng und improvisiert.

49

Phasen	Moderationsschritt	Plakat	Zeit
Anwärmen	Während die Teilnehmer herein- kommen, schreibt der Moderator Namensschilder und heftet sie ihnen persönlich an (Kontakt!)		
	Begrüßung durch den Ausbildungs- leiter Ein Plakat wird vorgestellt, auf dem die Punkte visualisiert sind, was an diesem Vormittag geschehen soll.	1 vorbereit. Plakat in franz. Sprache	9.00- 9.05
	Vorstellungsrunde: * Name * Woher komme ich * Meine Familie * Wo und was habe ich schon gearbeitet		9.05- 9.35
Problem- orientierung	Speicher (auf Zuruf füllen):	1 vorbereit. Speicher	9.35- 9.45

	Einer der Betreuer beantwortet die Fragen, ein Moderator visualisiert mit		9.45-10.15

Phasen	Moderationsschritt	Plakat	Zeit

Kleinguppenbildung:
Mit Hilfe von kleinen runden
Scheiben werden vier Kleingrup-
pen (KG) nach Farben gebildet.
Der Moderator sorgt dafür, daß in
jeder KG ein Teilnehmer ist, der
schreiben kann.
Die KG erhalten folgendes
Scenario
!! Scenario erklären!

10.15-10.45

4 vorbereit.
Plakate

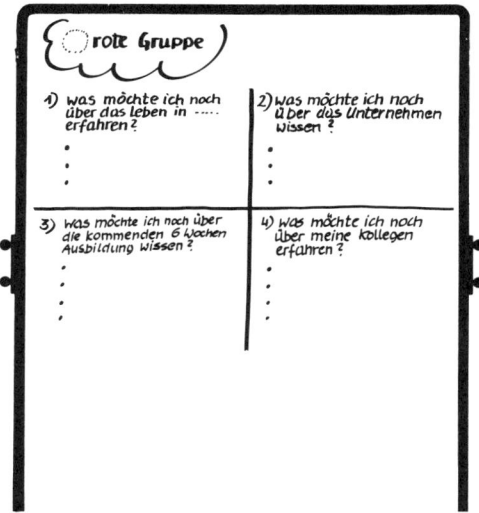

Pause

10.45-11.00

Vorstellen der KG-Ergebnisse
Offene Fragen werden im Speicher
Speicher gesammelt

1 vorbereit.
Speicher

11.00-11.30

Phasen	Moderationsschritt	Plakat	Zeit
Problem-bearbeitung	Die Betreuer beantworten die Fragen, die gleich zu beantworten sind. Zu den anderen wird dazuge-schrieben, wie, wann, durch wen oder was sie zu beantworten sind. Dadurch entsteht ein lebhaftes Frage- und Antwortspiel, das auch Vorschläge der Teilnehmer auslöst	2 Leerplakate	11.30-12.15
Abschluß	1-Punkt-Frage:	1 vorbereit. Plakat	12.15-12.30

Durch Zuruf aus der Gruppe werden die Punkte erläutert. Daran wird klar, wie die Teilnehmer den Vor-mittag erlebt haben und mit welcher Stimmung sie in die Ausbildung gehen.

Auswirkungen: Die Verantwortlichen der Ausbildungsleitung haben durch die lebhafte Interaktion des Vormittags mehr über Vorwissen, Bedürfnisse und Einstellungen ihrer Kursteilnehmer erfahren, was ihnen die Ar-beitsplanung für die einzelnen Teilnehmer erleich-terte. Das Beiprogramm antwortete auf die Bedürf-nisse der Teilnehmer, und diese honorierten das durch Interesse. Die Teilnehmer fühlten sich gut aufgenommen, und die Zusammenarbeit mit den inlän-dischen Kollegen an der Baustelle wurde merklich gefördert.

	3.2.5
Titel:	Vorbereitung einer Theaterregie
Anwendungsfeld:	Regiearbeit
Thema:	Ideen für und Zusammenarbeit bei einer Theater-regie
Teilnehmer:	6 Ensemblemitglieder Regisseurin Regieassistent
Moderatoren:	2 externe Moderatoren

Vorgeschichte: Bei einem inhaltlich schweren Stück und einer schwierigen Regiekonzeption kam die Regisseurin auf die Idee, die Regie einmal anders, nämlich mit einem Workshop zu beginnen. Sie wollte dabei aus den Schauspielern, die sonst üblicherweise als Einzelkämpfer auftreten, eine Gruppe machen.

Ziele, Interessen und Konflikte: Das Ensemble bestand aus sehr jungen Künstlern, die z.T. noch in der Ausbildung waren, und es kannten sich nur drei von ihnen aus einer vorangegangenen Produktion. Alle waren sehr interessiert zu erfahren, wie ein Workshop die Erarbeitung des Stückes und der Rollen erleichtern kann. Die Regisseurin war interessiert, die Darsteller intensiver kennenzulernen und in die Erarbeitung des Stückes miteinzubeziehen.

Situation: Am Tag vor Beginn der Regiearbeit treffen sich die Teilnehmer zu diesem Workshop. Sie kennen den Text ihrer Rolle.

Phasen	Moderationsschritt	Plakat	Zeit
Anwärmen	Begrüßung durch die Regisseurin		9.00- 9.10
	Ziele dieses Workshops: "Was wir hier gemeinsam tun wollen."	1 vorbereit. Plakat	
	Kennenlernen: eine Blitzlichtrunde: "Was Ihr von mir wissen sollt."		9.10- 9.20
Problem- orientierung	Bildung von 2er-Gruppen nach Sympathie 2er-Gruppenarbeit mit Scenario:	1 vorb. Plakat	9.20- 9.40

Phasen	Moderationsschritt	Plakat	Zeit

Jede 2er-Gruppe stellt ihr Plakat im Plenum vor — 1 vorbereit. Speicher — 9.40-10.00

Bewertung:
"Was davon müssen wir hier besprechen?" — 10.00-10.05

Diskussion:
Die wichtigsten Probleme werden im Plenum diskutiert, Vorschläge und Lösungen werden mitvisualisiert. — 1 Leer- plakat — 10.05-10.35

Information — Die Regisseurin stellt ihre Kon- zeption vor, ein Moderator visualisiert mit. — 1 Leer- plakat — 10.35-10.45

Pause — 10.45-11.00

Phasen	Moderationsschritt	Plakat	Zeit
Problem- bearbeitung	1-Punkt-Frage:	1 vorbereit. Plakat	11.00-11.05

!! Kommentare auf Zuruf mitvisualisieren!

Ergänzen des Punktes durch   11.05-11.30
ein Blitzlicht:
"Wie fühle ich mich selbst?"
"Wie fühle ich meine Rolle?"

Rollenbegegnung zu zweit: 11.30-12.00
"Wie empfinde ich Dich in Deiner
Rolle?" - "Was möchte ich von Dir
noch erfahren?"
Jeder wählt dabei nacheinander
drei Rollen, denen er begegnen
möchte (3 x 10 Min).

Kreisgespräch: "Wie dünn ist meine   12.00-12.45
Haut?"
* was verletzt mich
* was brauche ich von euch
* was will ich euch geben

Phasen	Moderationsschritt	Plakat	Zeit
Handlungs-orientierung	Erarbeitung einiger Regeln für die Zusammenarbeit Moderator visualisiert mit	1 Leer-plakat	12.45-13.00
Abschluß	1-Punkt-Frage:		13.00-13.10

!! Kommentare mitvisualisieren!

Bemerkungen:

Die Gruppe war sehr engagiert und kam sich ein Stück näher während dieser Stunden. Auf die Atmosphäre und Gestaltung der Zusammenarbeit hatte das eine fördernde Wirkung. Auffallend war das Zusammenspiel im Ensemble während der Aufführung - eine Leistung, die auch theaterkompetenten Zuschauern auffiel.

	3.3.1
Titel:	Betriebsrat

Anwendungsfeld: Politische Gremien: Beginn der Zusammenarbeit
Thema: Ziele und Themenschwerpunkte für die nächste Amtsperiode finden.
Teilnehmer: Der neu gewählte Betriebsrat
Moderatoren: Der Betriebsrats-Vorsitzende, ein neues, junges Betriebsrats-Mitglied aus dem Fortbildungsbereich.

Vorgeschichte: Der neu gewählte Betriebsrat setzt sich aus unterschiedlichen Gruppierungen zusammen, die sich während des Wahlkampfes gegenseitig stark bekämpften und sich z.T. persönlich verunglimpften.
Als neuer Betriebsrat müssen und wollen die Mitglieder eng zusammenarbeiten.

Ziele, Interessen und Konflikte: Jede Gruppierung innerhalb des Betriebsrats hat "Wahlversprechungen" gemacht und möchte soviel wie möglich davon in die gemeinsame Zielsetzung einbringen und die Tat umsetzen.
Der Betriebsrats-Vorsitzende möchte sich als Integrations- und Führungspersönlichkeit etablieren.

Situation: Der Betriebsrats-Vorsitzende hat alle Mitglieder überzeugen können, daß das nächste Treffen der Findung der gemeinsamen Ziele dienen soll und moderiert werden soll.
Der Bekanntheitsgrad untereinander ist sehr unterschiedlich.

Phasen	Moderationsschritt	Plakat	Zeit
Anwärmen	Begrüßung durch den Beriebsrats-vorsitzenden, Vorstellung des Ablaufs der Sitzung	vorbereit. Plakat	14.00-14.05
	Vorstellungsrunde mit Hilfe eines Gruppenspiegels	vorbereit. Plakat	14.05-14.20

Problem-orientierung — Ein-Punkt-Frage: — vorbereit. Plakat — 14.20-14.40

Stichworte von Teilnehmern zurufen
lassen und mitvisualisieren

!! Vorsicht: Nicht selbst
interpretieren.

Phasen	Moderationsschritt	Plakat	Zeit
	Kartenfrage:	1 Plakat mit Frage + 1 Leerplakat	14.40-15-15

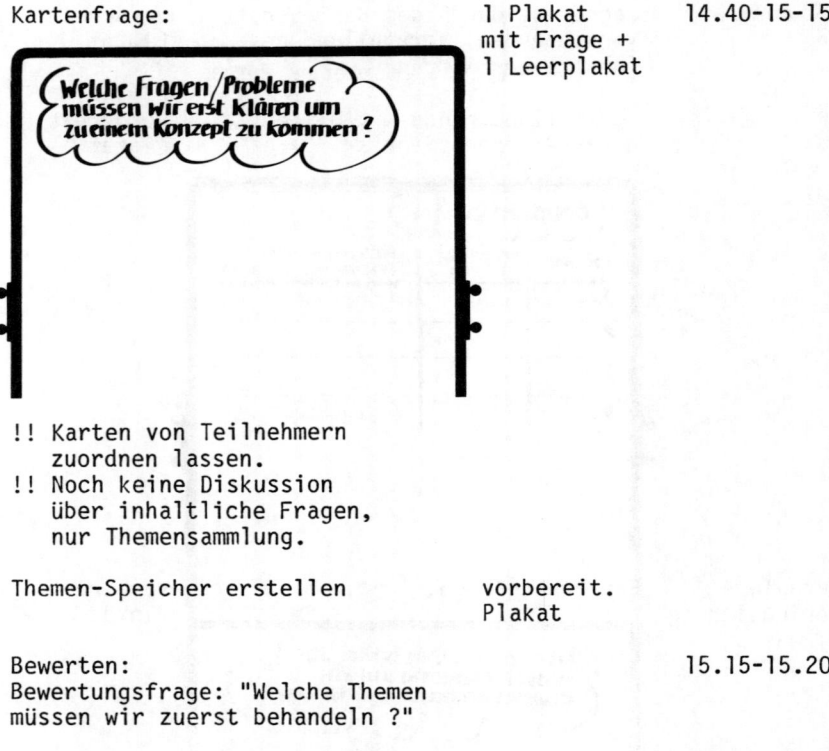

!! Karten von Teilnehmern
   zuordnen lassen.
!! Noch keine Diskussion
   über inhaltliche Fragen,
   nur Themensammlung.

	Moderationsschritt	Plakat	Zeit
	Themen-Speicher erstellen	vorbereit. Plakat	
	Bewerten: Bewertungsfrage: "Welche Themen müssen wir zuerst behandeln ?"		15.15-15.20
	Pause		15.20-15.30

Phasen	Moderationsschritt	Plakat	Zeit

Problem-
diskussion

Kleingruppen bilden
Zuordnung der Teilnehmer zu einem
einem der höchstbewerteten Themen
die sie interessieren.
Kleingruppen-Scenario vorstellen:

15.30-15.40

vorbereit.
Plakat

```
{ Thema:        }
{               }
{               }
{ ~~~~~~~~~~~ }

was steht hinter          Wie wünschen wir uns
dieser Problematik?       die Lösung?
 .                         .
 .                         .
 .                         .
 .                         .

was eint uns?             was trennt uns?
 .                         .
 .                         .
 .                         .
 .
```

Kleingruppenarbeit   15.40-16.15

Präsentation der Kleingruppen-   16.15-17.00
Ergebnisse

Nach jeder Kleingruppen-Präsen-
tation Plenumsdiskussion mit folgenden Fragestellungen:
* Wo haben wir bereits Konsens?   Speicher
                                                der Gemein-
                                                samkeiten

Handlungs-   * Worüber müssen wir uns
orientierung   einigen ?
                 * Was können/müssen wir tun   Tätigkeits-
                                                katalog

	Klären, wie die nicht bear- beiteten Themen bis zur nächsten Sitzung weiterbe- arbeitet werden.	Tätigkeits- katalog	17.00-17.15
	Ein-Punkt-Frage:	vorbereit. Plakat	17.15-17.30

Relexion über das Ergebnis
der Ein-Punkt-Frage

Dank und Abschluß !   17.30

Titel:	3.3.2 Kirchenvorstand
Anwendungsfeld:	Vorstandssitzung (nebenamtlich)
Thema:	Aktivitäten der Gemeinde auf dem Gebiet der Friedensarbeit
Teilnehmer:	2 Pfarrer (ein älterer, ein jügerer) 15 Kirchenvorstandsmitglieder, die sich für bestimmte Bereiche der Gemeindearbeit interessieren (Jugendarbeit, Altenarbeit, Kirchenmusik usw.)
Moderatoren:	der jüngere Pfarrer der für Jugendarbeit zuständige Diakon

Vorgeschichte: Im Rahmen der Proteste gegen die Raketenaufrüstung war die Gemeindekirche zeitweilig von jugendlichen Demonstranten besetzt. Die Frage, wie auf diese Besetzungen zu reagieren sei, hatte den Kirchenvorstand heftig bewegt. Dem Geschick des älteren Pfarrers, der in ständigem Kontakt mit seinem jüngern Kollegen und dem Jugendarbeitsdiakon stand, war es zu verdanken, daß die Demonstranten die Kirche wieder räumten, ohne daß es zu einem Einsatz der Polizei gekommen war. In dieser Sitzung geht es darum zu klären, wie sich der Kirchenvorstand auf dem Hintergrund dieser Erfahrungen grundsätzlich zur Friedensbewegung stellen will.

Interessen und Konflikte: Der Kirchenvorstand ist in zwei fast gleichgroße Fraktionen gespalten. Die eine Fraktion, der der ältere Pfarrer nahe steht, sieht die kirchlichen Aufgaben eher seelsorgerisch, d.h. auf das einzelne Gemeindemitglied bezogen, die andere Fraktion sieht in der kirchlichen Arbeit auch ein politische Aufgabe, durch die die ethischen Werte der Kirche vertreten werden müssen. Es besteht aber auf beiden Seiten die Bereitschaft, einander zuzuhören und sich in den Standpunkt der anderen hineinzuversetzen.

Situation: Den Beteiligten ist klar, daß von Verlauf und Ergebnis dieser Sitzung nicht nur die weitere gedeihliche Zusammenarbeit im Kirchenvorstand abhängt, sondern auch daß sich daraus die Schwerpunkte der Gemeindearbeit verschieben können.

Phasen	Moderationsschritt	Plakat	Zeit
Anwärmen	Begrüßung durch Pfarrer Bericht über das Ende der Kirchenbesetzung		18.00-18.10
	Ein-Punkt-Frage	vorbereit. Plakat	18.10-18.25

Stichworte zurufen lassen
und mitvisualisieren
!! Vorsicht: eigene Komentare
   und Stellungnahmen vermeiden!

Problem orientierung	Kartenfrage:	1 Plakat mit Frage, 2 Leerplakate	18.25-19.10

!! Karten von Teilnehmern zuordnen lassen
!! Noch keine Diskussion über
   die inhaltlichen Fragen

Problemspeicher erstellen   1 vorb.
                                             Plakat

Phasen	Moderationsschritt	Plakat	Zeit

Bewerten:
Bewertungsfrage: "Worüber
müssen wir uns einig sein?"   19.10-19.20

                                     Pause   19.20-19.30

Bildung von Kleingruppen:
Zuordnung der Teilnehmer zu einem
der höchstbewerteten Themen nach
ihrem Interesse

Problem-   Kleingruppenarbeit mit   je KG eine   19.30-20.00
diskussion   Scenariovorschlag: Tafel mit
                                                    Leerplakat

Thema:

Worin besteht das Problem	Was wollen wir erreichen

Was wollen wir tun

Was	Wer	Zielgruppe

Vorstellen der KG-Ergeb-
nisse im Plenum, Übernahme
der Handlungsvorschläge in   Tätigkeits-
Tätigkeitskatalog   katalog

Handlungs-   Ausfüllen des Tätigkeits-   20.30-20.55
orientierung katalogs
           !! Wenn die Handlungsvor-
              schläge sehr kontrovers sind,
              empfiehlt es sich, den Tätig-
              keitskatalog bewerten zu lassen
              mit der Frage: Auf welche
              Vorschläge können wir uns am
              ehesten einigen?

Phasen	Moderationsschritt	Plakat	Zeit
Abschluß	1-Punkt-Frage:	1 vorb.	20.55-21.00

Ende der Sitzung   21.00

Bemerkung:

1. Dieser Sitzungsverlauf setzt ein hohes Maß an Bereitschaft zur Einigung voraus, wenn er in der angegebenen Zeit durchgeführt werden soll. Ist diese Einigungsbereitschaft nicht vorhanden, dann ist es möglich, die einzelnen Themen nicht in Kleingruppen parallel sondern nacheinander im Plenum, vielleicht sogar auf mehrere Sitzungen verteilt, zu diskutieren. In diesem Fall sollten die Moderatoren die wichtigsten Aussagen für alle mitvisualisieren, um dadurch die Diskussion transparenter zu machen.

2. Bei der Bewertung des Tätigkeitskatalogs sollte darauf geachtet werden, daß zunächst die Tätigkeiten in Angriff genommen werden, auf die sich möglichst viele einigen konnten, auch wenn sie für den einzelnen nicht die höchste Priorität haben. Dieser Weg ermöglicht gemeinsame Erfahrungen und verstärkt damit die Bereitschaft zu gegenseitigem Verständnis und zur Kooperation.

3. Wenn die beiden Moderatoren - in diesem Fall der jüngere Pfarrer und der Diakon - inhaltlich zu sehr engagiert sind, kann es ihnen passieren, daß sie nicht die notwendige Neutralität des Moderators aufbringen. In diesem Fall empfiehlt es sich, einen oder zwei externe Moderatoren hinzuzuziehen.

Titel:	3.3.3 Partei
Anwendungsfeld:	Arbeit in politischen Verbänden
Thema:	Wahlkampf-Vorbereitung, Planung von Aktionen
Teilnehmer:	Wahlkampf-Ausschuß und engagierte Mitglieder
Moderatoren:	Wahlkampf-Ausschuß-Vorsitzender und ein Mitglied

Vorgeschichte:

Bei der letzten Wahl haben sich viele Mitglieder anfangs engagieren wollen, haben sich dann aber im Laufe der Vorbereitung immer mehr zurückgezogen. Die Hauptarbeit blieb bei den wenigen Mitgliedern des Wahlkampf-Ausschusses hängen. Die Reflexion nach der Wahl zeigte, daß sich die Wahlhelfer nicht mit den geplanten Aktionen identifizierten und sich als Erfüllungsgehilfen und Lückenbüßer fühlten. Der neugewählte Wahlkampf-Ausschuß möchte nun gleich bei der Planung alle engagierten Mitglieder beteiligen.
Das Wahlkampf-Motto ist bereits bundesweit verabschiedet.

Ziele, Interessen und Konflikte:

1. Der Vorstandsvorsitzende ist daran interessiert, seinen Namen im Wahlkampf bekannt zu machen. Er ist Wahlkreis-Kandidat seiner Partei.

2. Der Kassenwart möchte für spontane Aktionen Geld in der Kasse vorsehen, d.h. der geplante Etat sollte nur zur Hälfte durch eine Konzeption verplant werden.

3. Die Wahlkampf-Helfer möchten - nach Möglichkeit - für den gesamten Wahlkampf ihre Einsatz-Termine wissen.

Situation:

Die erste Sitzung des erweiterten Wahlkampf-Ausschusses.
Die Gruppe kennt sich gut.

Phasen	Moderationsschritt	Plakat	Zeit
Anwärmen	Begrüßung und Zielsetzung der Veranstaltung erläutern	Zielplakat	19.30-19.40
	Ein-Punkt-Frage:		19.40-19.50

Stichworte zum Ergebnis zurufen
lassen und mitvisualisieren.
!! Vorsicht: Teilnehmer das Ergebnis interpretieren lassen.

Problem-orientierung	Präsentation der Wahlkampf-Konzeption des Bundes-Wahlkampf-Ausschusses		19.50-20.00
	Kartenfrage:		20.00-20.30

!! Karten von Teilnehmern
   zuordnen lassen.

!! Noch keine Diskussion
   über inhaltliche Fragen, nur
   Themensammlung.

Phasen	Moderationsschritt	Plakat	Zeit
	Themenspeicher erstellen	Themenspeicher	20.30-20.45
	Bewerten: "Welche Themen sollten wir zuerst bearbeiten ?"		20.45-20.50
	Pause		20.50-21.00
Problem- diskussion	Kleingruppen bilden Zuordnung der Teilnehmer zu einem der höchstbewerteten Themen, die sie interessieren		21.00-21.10
	Kleingruppen-Scenario vor- stellen	vorbereit. Plakat	

Thema:

Was steckt hinter diesem Thema ?

was können/sollten wir daraus machen ?

welche konkreten Aktionen schlagen wir vor ?

Erste Schritte:

	Kleingruppenarbeit		21.10-21.40
	Präsentation der Klein- gruppen-Ergebnisse		21.40-22.15

Phasen	Moderationsschritt	Plakat	Zeit

Handlungs-
orientierung

Erstellen eines Aktionen-
und Tätigkeits-Katalogs
nach jeder Kleingruppen-
Präsentation.

Tätigkeits-/
Aktionenkata-
loge

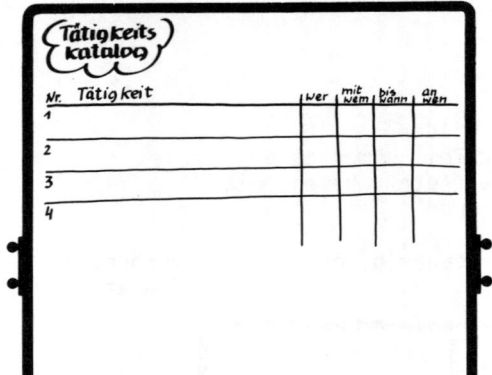

Klären, wie es mit den noch
nicht bearbeiteten Themen bis zur
nächsten Sitzung weitergeht.
!! Als Tätigkeit in den Tätig-
    keitskatalog übernehmen

Ein-Punkt-Frage: 22.15-22.20

Dank und Abschluß   22.20

Titel:	3.3.4 Sportverein
Anwendungsfeld:	Ausschußarbeit
Thema:	Klärung des Verhältnisses zwischen Leistungssport und Breitensport
Teilnehmer:	Vorsitzender Kassenwart Jugendobmann 6 Vertreter von Sportarten (Fußball, Tennis, Turnen, Leichtathletik, Gymnastik, Hallenhandball) 1 Trainer Fußball (hauptamtlich) 1 Trainer Turnen (nebenamtlich) 1 Trainer Fußball (nebenamtlich)
Moderatoren:	1 Mitglied des Verwaltungsrats 1 Vereinsmitglied
Vorgeschichte:	Der Verein hat mit seiner Sparte Fußball vor zwei Jahren den Aufstieg in die 2. Bundesliga geschafft. Er hat gute Chancen, auch in diesem Jahr in der 2. Bundesliga zu bleiben. Dieser Erfolg hat vor allem dazu geführt, daß die Mitgliederzahlen im Amateurfußball angestiegen sind. In der Sparte Turnen wird diskutiert, ob hier ähnliche Erfolge angestrebt werden sollen oder ob die Breitenarbeit intensiviert werden soll. In der Sparte Tennis sind die Kapazitäten ausgelastet, d.h, die Plätze sind gut belegt und für weitere Mitglieder sollen keine neuen Plätze zur Verfügung gestellt werden. Da gerade eine neue Turnhalle gebaut wurde, können die Sparte Hallenhandball und die Sparte Gymnastik noch Mitglieder aufnehmen. Sie sind besonders an jungen Mitgliedern interessiert, um sich einen breiten Nachwuchs zu schaffen.
Interessen und Konflikte:	Der Fußball als stärkste Sparte und mit Erfolgen sowohl im Leistungs- wie auch im Breitensport sieht in dem Thema keinen Widerspruch, ist aber daran interessiert, seine dominante Stellung zu erhalten. Die Turner möchten den gleichen Weg gehen, ihre Mittel sind aber begrenzt, so daß sie nicht sowohl Leistungs- wie auch Breitensport gleich intensiv fördern können. Hallenhandball und Gymnastik möchten Werbung auf breiter Linie verfolgen, um damit auch neue Bevölkerungsschichten für ihre Sportarten zu erschließen, während die Tennissparte dem Sportverein eher ein exklusives Image geben möchte.

Situation: Auf der letzten Mitgliederversammlung wurde dieses
                  Thema heftig diskutiert. Es wurde deshalb ein
                  Ausschuß eingesetzt, der sich mit diesem Thema
                  befassen und Vorschläge erarbeiten soll. Dieser
                  Ausschuß tagt heute zum ersten Mal.

Phasen	Moderationsschritt	Plakat	Zeit
Anwärmen	Begrüßung durch den Vorsitzenden, der den Auftrag der Mitglieder-versammlung in Erinnerung ruft		18.00-18.05
	1-Punkt-Frage:	1 vorb. Plakat	18.05-18.10

Stichworte zu den Punkten sammeln
und auf dem Plakat mitvisualisieren
!! Punkte nicht kommentieren,
   weder "positiv" noch "negativ"

| | Kartenfrage: | 1 Plakat mit Frage 2 Leerplakate | 18.15-19.00 |

(Für Leistungssport grüne, für
Breitensport weiße Karten)

!! Karten gemeinsam mit den Teil-
   nehmern ordnen. Grüne und weiße
   Karten können in einem Themen-
   bereich auftauchen
!! Problemdiskussion an dieser
   Stelle noch vermeiden

Themenspeicher erstellen   1 vorbereit.
                                            Plakat

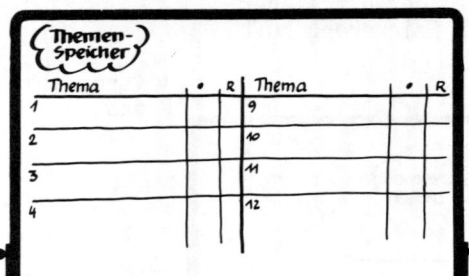

Bewertung: 19.00-19.15
"Mit welchen Themen müssen wir uns
vorrangig beschäftigen?"

Bildung von Kleingruppen nach
Interesse zu den am höchsten
bewerteten Themen

Kleingruppen(KG)-Arbeit mit fol-   19.15-20.00
gendem Scenario: 1 Scenario-
                                            beispiel
                                            je Gruppe
                                            eine Tafel mit
                                            Leerplakat

Vorstellen der KG-Ergebnisse im   20.00-20.45
Plenum
!! Diskussionsbeiträge auf
   KG-Plakaten ergänzen oder
   mitvisualisieren

gleichzeitig: 1 Speicher-
Vorschläge in Kurzform in   plakat
Vorschlagsspeicher übernehmen

Vorschlagsspeicher bewerten:
"Welche Vorschläge sollten wir
nächstes Mal ausführlicher
diskutieren?"

Schlußfrage: 1 Plakat

Ende der Sitzung   21.00

Bemerkungen:

1. Diese Fragestellung ist eines der "Glaubensthemen" in den Sportvereinen. Es besteht deshalb die Gefahr endloser, meist ideologischer Diskussionen. Die Art der Kartenabfrage erlaubt es, die "feindlichen" Parteien ins Gespräch zu bringen, insbesondere dann, wenn es gelingt, grüne und weiße Karten in den Themenblöcken zu mischen. Dann kommen die Gegner in den Kleingruppen miteinander ins Gespräch, in denen sich leichter Lösungen finden lassen als im Plenum.

2. Die Festlegung der wichtigsten Themenbereiche und die Erarbeitung von ersten Lösungsvorschlägen ist ein durchaus ausreichendes Ergebnis für drei Stunden. Die Denkpause bis zur nächsten Sitzung erlaubt es, Kompromißmöglichkeiten weiter auszuloten.

	3.4.1
Titel:	Entscheidungs-Moderation
Anwendungsfeld:	Auswahl von und Entscheidung über alternative Konzepte
Thema:	Entscheidung über drei alternative EDV-Konzepte
Teilnehmer:	5 Projektmitarbeiter
	3 Abteilungsleiter aus Fachabteilungen
	1 Hauptabteilungsleiter (Datenverarbeitung)
Moderatoren:	der Projektleiter
	der Organisationsentwickler

Vorgeschichte: Ein EDV-Projekt hat sechs Monate lang an einem Konzept für die Auftragsabwicklung gearbeitet. Während verschiedener Projektausschußsitzungen, auf denen der jeweilige Stand des Projekts vorgestellt wurde, wurden die Projektmitglieder aufgefordert, verschiedene Varianten zu entwickeln und dem Projektausschuß zur Entscheidung vorzulegen.

Interessen und Konflikte: Innerhalb des Projekts gab es Diskussionen über die verschiedenen Varianten. Dabei ist es zu keiner eindeutigen Empfehlung gekommen. Die Projektmitglieder sind sich jedoch darüber einig, daß sich die Vor- und Nachteile der drei Varianten ausgleichen, so daß sie jede Entscheidung des Projektausschusses akzeptieren können. Es bleibt abzuwarten, ob die Vertreter der Fachabteilungen das auch so sehen.

Situation: Für die Entscheidungssitzung steht ein Nachmittag zur Verfügung. Die Teilnehmer kennen sich aus den früheren Sitzungen und sind mit der Materie vertraut.

Anmerkungen: Es handelt sich hierbei um die Abschlußphase des unter dem Titel "Projektarbeit" vorgestellten EDV-Projekt. Zum Thema "Projektorgansation" vergl. Siemens, Organisationsplanung. (Vergl. Literaturhinweise)

Phasen	Moderationsschritt	Plakat	Zeit
Anwärmen	Begrüßung durch den Projektleiter 1-Punkt-Frage:	1 vorbereit. Plakat	14.00-14.10

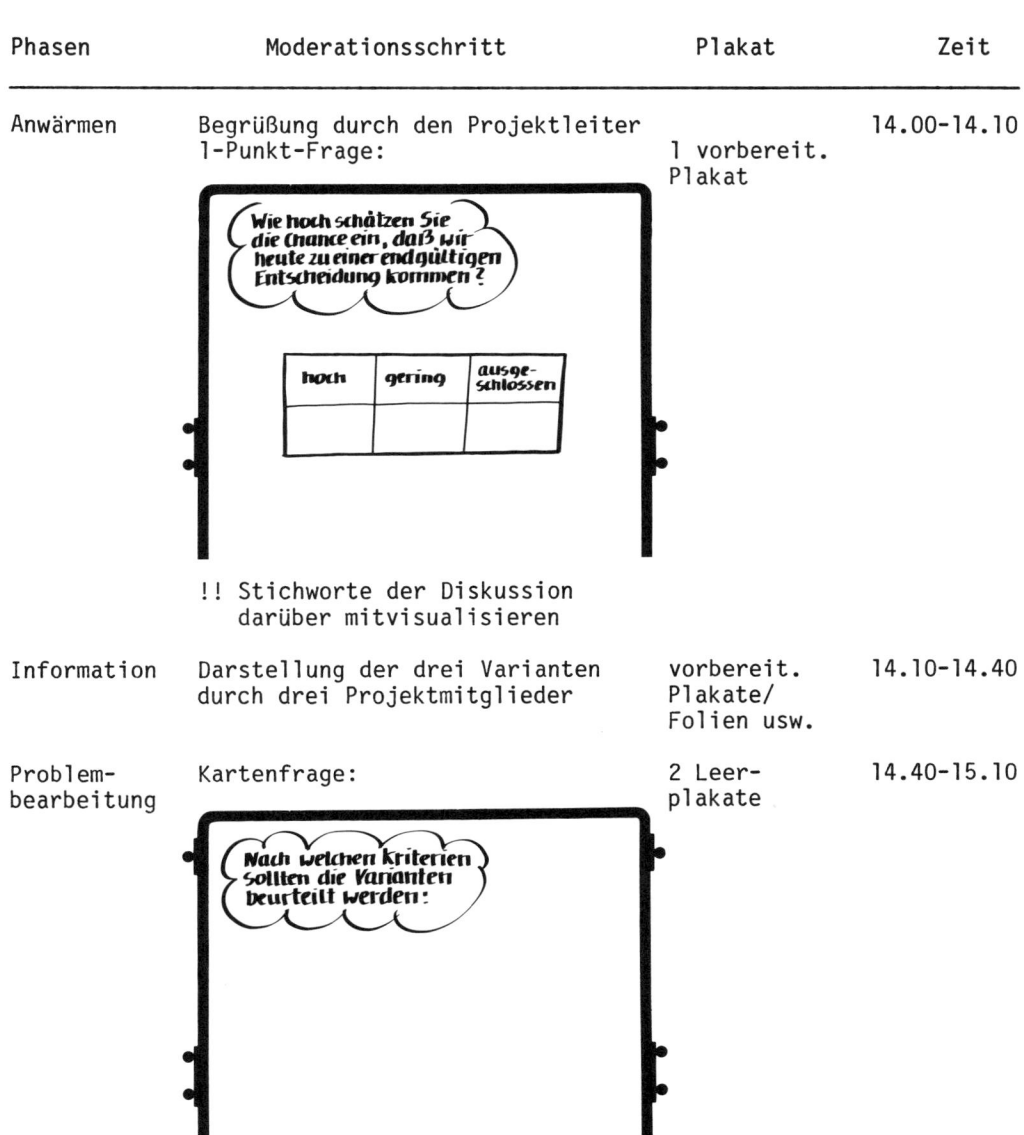

!! Stichworte der Diskussion
darüber mitvisualisieren

| Information | Darstellung der drei Varianten
durch drei Projektmitglieder | vorbereit.
Plakate/
Folien usw. | 14.10-14.40 |
| Problem-
bearbeitung | Kartenfrage: | 2 Leer-
plakate | 14.40-15.10 |

Karten mit der Gruppe sortieren
Überschriften in Kriterienspei-
cher eintragen   1 vorbereit.
                                   Speicher

Bewerten:
"Welche Kriterien müssen auf jeden
Fall erfüllt sein?"

Phasen	Moderationsschritt	Plakat	Zeit
	Kleingruppenarbeit: (Zuwahl nach Interesse) Je eine Kleingruppe nimmt sich ein Kriterium vor und arbeitet nach folgendem Scenario:	1 Beispiel- Scenario	15.10-15.45

	Vorstellung der Kleingruppen- ergebnisse		15.45-16.15
	Moderatoren visualisieren Argu- mente und Gegenargumente mit	3 Leer- plakate	
	Pause		16.15-16.30

| Entscheidung | Vorentscheidung: | | 16.30-16.45 |

Entscheidung Vorentscheidung: 16.30-16.45
Auf einem Flipchart stehen unter-
einander die Alternativen A,B,C
Jeder Teilnehmer erhält einen
Klebepunkt und klebt ihn hinter die
von ihm bevorzugte Alternative.

Fällt die Entscheidung noch nicht
eindeutig aus, bildet jeder Teilnehmer seine individuelle Rangreihe. Er erhält 6 Klebepunkte,
die er auf die drei Alternativen
verteilen kann (1. Wahl = 3 Punkte
usw.)

Die Variante mit den meisten Punkten wird weiterverfolgt. Diejenigen Teilnehmer, die noch nicht zufrieden sind, formulieren per
Zuruf Zusatzforderungen, so daß
diese Variante auch von ihnen
akzeptiert werden kann.

Abschluß 1-Punkt-Frage:

Bemerkungen: 1. Gegebenenfalls müssen mehrere Kleingruppen-
durchläufe stattfinden, damit alle wichtigen Kriterien bearbeitet sind.

2. Sollte es auch bei diesem Verfahren zu keiner
Einigung kommen, müssen die Varianten insgesamt
überarbeitet werden. In jedem Fall sollte versucht
werden, auf Machtentscheidungen zu verzichten, da
sie in der Regel bei der Realisierung zu erhebli-
chen Widerständen führen.

	3.4.2
Titel:	Umsetzung von Entscheidungen

Anwendungfeld: Realisierung von Entscheidungen, an denen die Betroffenen nicht selbst mitgewirkt haben.

Thema: Umsetzung einer EDV-Entscheidung in einer Fachabteilung.

Teilnehmer: 1 Abteilungsleiter
8 Gruppenleiter der betreffenden Fachabteilung

Moderatoren: ein Projektmitglied, das von der betreffenden Fachabteilung in das Projekt entsandt war, ein Organisationsentwickler

Vorgeschichte: Diese Moderation schließt an die vorhergehende Entscheidungsmoderation an. Eine Grundsatzentscheidung für eine Lösung ist gefallen, die Projektgruppe hat Zusatzwünsche in einem bescheidenen Umfang noch erfüllen können. Aber einige Wünsche der Fachabteilungen sind offen geblieben.

Ziele, Interessen und Konflikte: Bei dieser Moderation geht es um folgende Ziele:
a) die Mitarbeiter der Fachabteilung für die verabschiedete Lösung zu gewinnen,
b) Probleme bei der Realisierung kennenzulernen,
c) die Verantwortung für die einzuleitenden Maßnahmen soweit wie möglich auf die Mitarbeiter der Fachabteilung zu übertragen.

Die Mitglieder der Projektgruppe haben das Interesse, ihr Projektergebnis möglichst reibungslos an die Fachabteilungen zu übergeben, um das Projekt abschließen zu können.
Der Abteilungsleiter möchte die Umstellungszeit so kurz wie möglich halten, so daß seine Abteilung so schnell wie möglich wieder voll funktionsfähig ist.
Die Mitarbeiter haben einen inneren Widerstand gegen Neuerungen, versprechen sich andererseits eine bessere Kommunikation mit den Nachbarabteilungen.

Situation: Die Mitarbeiter wissen, daß eine endgültige Entscheidung gefallen ist. Sie sind eingeladen, um informiert zu werden. Ihnen ist auch zugesagt worden, daß sie an der Umsetzung aktiv mitarbeiten können.

Phasen	Moderationsschritt	Plakat	Zeit
Anwärmen	Begrüßung der den Abteilungs-leiter		9.00- 9.05
	1-Punkt-Frage:	vorbereit. Plakat	9.00- 9.15

!! Erläuterungen durch Zuruf
!! Gruppe interpretieren lassen

Information	Der Moderator aus der Fachabtei-lung stellt die Projektergebnisse vor. Dabei gibt er einen Über-blick über das Gesamtprojekt und behandelt besonders die Auswirkungen auf diese Abteilung	Visualisie-rungen auf Plakaten oder Folien	9.15- 9.35
Informa-tionsver-arbeitung	Kartenfrage:	2-3 Plakate	9.35-10.15

Phasen	Moderationsschritt	Plakat	Zeit

Karten mit der Gruppe gemeinsam sortieren. Probleme und Wünsche in Problemspeicher eintragen, Informationsfragen <u>nach</u> dem Sortieren sofort beantworten

Problemspeicher

10.15-10.30

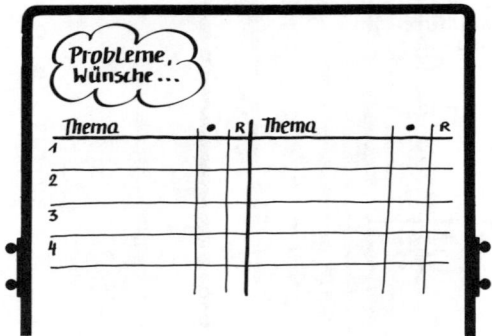

Bewerten:
Bewertungsfrage: "Welche Punkte müssen wir gemeinsam klären?"

Kleingruppenarbeit, Zuwahl zur Kleingruppe nach Interesse am Thema.

10.30-11.15

Kleingruppenscenario:

ein Beispielplakat

Präsentation der Kleingruppenergebnisse
Beantworten der offenen Fragen

11.15-12.00

Phasen	Moderationsschritt	Plakat	Zeit

Handlungs-orientierung   Eintragen der Vorschläge in den Tätigkeitskatalog   Tätigkeits-katalog

Überprüfen des Tätigkeitskata-logs, ob die Aktivitäten die Zu-stimmung der Gruppe finden   12.00-12.20

Schlußfrage: 12.20-12.30

Dank und Abschluß durch den Abteilungsleiter

Bemerkung: Sollten die Probleme durch einen Kleingruppen-durchlauf nicht ausreichend bearbeitet sein, muß entweder die Moderation verlängert oder ein weite-rer Termin angesetzt werden.

	3.5.1
Titel:	Moderation im Unterricht

Anwendungsfeld:	Schule
Thema:	"Chile" im Geographieunterricht
Teilnehmer:	26 Schüler einer 7. Klasse Realgymnasium

(Diese Moderation fand in Österreich statt. Die Klasse entspricht einem 11. Schuljahr in Deutschland)

Moderator: einer der Schüler

Vorgeschichte:

Die Schüler haben nach vielen Diskussionen mit ihren Lehrern für eine Woche ein Projekt mit dem Titel "Schüler unterrichten Schüler" durchgesetzt. Das Projekt ist vor allem bei den Lehrern sehr umstritten. Der Kampf um die Stunden war zäh. Ein Schüler, der die ModerationsMethode kennt, hat sich intensiv auf das Projekt "Chile" vorbereitet.

Interessen und Konflikte

Lehrer: glauben nicht daran und sehen ihren Status gefährdet.
Schüler: haben es durchgesetzt und gehen zum Teil mit großem Elan daran. Sie sind jedoch sehr unsicher über Methoden und Inhalte, da sie sich daran gewöhnt haben, alles vorgesetzt zu bekommen.
Der Moderator: ist am Thema engagiert und an der Methode. Er will beweisen, daß die ModerationsMethode interessant und effektiv ist.

Situation:

45 Minuten einer Geographiestunde. Es ist die vierte Stunde und die Schüler sind wie gewohnt schläfrig. Der Aufbau des ungewohnten Materials macht sie neugierig.

Phasen	Moderationsschritt	Plakat	Zeit
Anwärmen	1-Punkt-Frage:	1 vorbereit. Plakat	10.45-10.50

Durch Zuruf erläutert die Gruppe
ihre Punkte, und es wird klar,
was sie unter "Interesse" und
"Wissen" verstehen

| Informations-
vermittlung | Der Moderator gibt eine kurze
Einführung zum Thema:
"Geschichte und gegenwärtige
Situation Chiles"
(die wichtigsten Thesen
sind visualisiert) | 1 vorb.
Plakat | 10.50-11.00 |

Phasen	Moderationsschritt	Plakat	Zeit
Problem-orientierung	Erstellen eines Themenspeichers "Zu welchen Themen wollt Ihr etwas wissen?" (2-3 Themen stehen als Anreiz auf der Liste)	1 vorb. Liste	11.00-11.05
	Bewertung: "Worauf sollen wir uns in dieser Stunde konzentrieren?"		11.05-11.10
vertiefte Information	Zu den drei Schwerpunkten aus der Bewertung gibt es je Thema 5-Min.-Kurzvorträge, deren wichtigste Thesen mitvisualisiert werden.	3 Leer-plakate	11.10-11.25
Abschluß	1-Punkt-Frage: (dasselbe Plakat wie am Anfang, geklebt wird mit anderer Punktfarbe) "Wie war es?"	1 Plakat	11.25-11.30

Auswirkungen:
Es gab gutes Feedback für diese Stunde. Die Schüler meinten einhellig, daß durch die aktive Teilnahme ihr Interesse gestiegen sei und sie sich auch wie von selbst mehr gemerkt hätten. In der Folge führte das zu mehr und bewußterer Kritik am Normalunterricht, der selbst für den Zweck der Wissensvermittlung als unzureichend erkannt wurde. Die Schüler diskutierten mehr und mehr über die Möglichkeit eines "moderierten Projektunterrichts". Die Lehrer kamen unterschiedlich gut mit dieser konstruktiven Kritik an ihrem Unterricht zurecht.

	3.5.2
Titel:	Die Schülervertretung stellt sich vor
Anwendungsfeld:	Transparenz einer Interessenvertretung
Thema:	Was kann/was soll die Schülervertretung leisten?
Teilnehmer:	30 Schüler, eine Klasse der Unterstufe des Gymnasiums, um die 13 Jahre alt.
Moderatoren:	2 Schülervertreter

Vorgeschichte: Eine Schülervertretung ist mit dem Programm gewählt worden, mehr für die echten Bedürfnisse der Schüler zu tun und nicht nur zu taktieren.

Ziele, Interessen: Die Schülervertreter wollen Kontakt mit den Schülern herstellen, sie wollen helfen, die Bedürfnisse der Schüler sichtbar zu machen. Die Schüler sind passiv und ergeben sich in das, was ihnen von der Schule vorgesetzt wird. Sie sind es nicht gewöhnt, gefragt zu werden.

Situation: Ein Lehrer hat bereitwillig eine Stunde für die Schülervertretung zur Verfügung gestellt. Die ModerationsMethode ist den Schülern unbekannt.

Phasen	Moderationsschritt	Plakat	Zeit

Anwärmen — Ein-Punkt-Frage: — 1 vorbereit. Plakat — 10.45-10.50

wie wohl fühle ich
mich tagtäglich
in der Schule:

Kommentar durch Zuruf:
"Was steckt dahinter?"

Problem-orientierung	Jeder einzelne überlegt für sich, womit sein positives/negatives Befinden zusammenhängt		10.50-10.55
	Zuruffrage: "Womit hängt das zusammen Moderator visualisiert mit	1 Leer-plakat	10.55-11.05
	Themen, die zusammengehören, werden mit einer Farbe (Filzstift, Punkt) gekennzeichnet. !! auf Entscheidung der Gruppe		11.05-11.10

Phasen	Moderationsschritt	Plakat	Zeit
Problem-diskussion	Zwei Hauptthemen werden offen diskutiert: Die Beziehungen Lehrer-Schüler und Schüler-Schüler	1 Leer-plakat	11.10-11.20
	Zuruffrage: "Welche Möglichkeiten habt Ihr, auf diese Beziehungen einzuwirken?"	1 Leer-plakat	11.20-11.25
Information	Kurzinformation über die Schüler-vertretung * Was machen wir * Wie können wir euch helfen?		11.25-11.30

Bemerkungen: Die Schüler waren lebhaft und interessiert.
Die Anteilnahme dieser Klasse an der Schülervertretung war seit dieser Moderation deutlich leb-
hafter und stärker als die der nicht moderierten
Klassen.

	3.5.3
Titel:	Lehrer-Schüler-Gespräch

Anwendungsfeld:	Gremienarbeit mit unterschiedlichen Interessens-gruppen
Thema:	Auseinandersetzung über unterschiedliche pädagogi-sche Vorstellungen
Teilnehmer:	10 Lehrer, einschließlich Direktor und 15 Schüler eines Gymnasiums
Moderatoren:	2 Schülervertreter

Vorgeschichte: In der Schule gibt es regelmäßig (zweimal jähr-lich) eine pädagogische Konferenz der Lehrer. Die Schülervertreter wollten teilnehmen, da es viele Konflikte in pädagogischen Haltungen und Maßnahmen in der Schule gibt. Der Direktor lehnte ab, bot aber ein freies Gespräch zwischen Lehrern und Schülern zu diesem Thema an.

Interessen und Konflikte: Die pädagogische Konferenz behandelt normalerweise Themen wie Aufsichtspflicht, Pünktlichkeit, ge-setzliche Bestimmungen, Disziplin usw. Die Schüler wollten andere Themen einbringen, die normaler-weise zu kurz kommen, z.B. Sinn von Strafen, Ge-sprächston zwischen Lehrern und Schülern, was fördert Disziplin usw. Nach Ansicht der Schüler gibt es keine sinnvolle Pädagogik an der Schule. Die Lehrer scheuen den Konflikt.
Wegen des Projekts "Schüler unterrichten Schüler" (s. Ablauf "Moderation im Unterricht") gibt es unter den Lehrern einige Widerstände gegen die Methode.

Situation: Die Schülervertreter haben zu einer Diskussion am Nachmittag in die Schule eingeladen und eine Mode-ration vorbereitet.

Phasen	Moderationsschritt	Plakat	Zeit
Anwärmen	Blitzlicht im Kreis Fragen: * "Mit welchen Gefühlen bin hergekommen?" * "Was erwarte ich mir von dem heutigen Nachmittag?" !! Auf Blitzlichtregeln achten	1 Plakat mit den Regeln	15.00-15.15

Ein-Punkt-Frage:

wie viel erwarte ich mir von dieser Diskussion?

sehr viel	viel	ich bin unsicher	wenig	garnichts

Durch Zuruf werden die
Punkte erläutert.

1 vorb. Plakat 15.15-15.20

Problem-orientierung   Themensammlung durch Zuruf   1 vorbereit. Liste   15.20-15.30

Themen-Speicher

Thema	•	R	Thema	•	R
1			9		
2			10		
3			11		
4			12		

| | Bewertung:
"Was ist für mich das wichtigste in dieser Gruppe?" | | 15.30-15.35 |
| Problem-
bearbeitung | Kleingruppenbildung nach Themeninteresse
Kleingruppenarbeit nach folgendem Scenario: | 1 vorbereit.
Plakat | 15.35-16.20 |

| | Vorstellung der Kleingruppen-Resultate (mit lebhaften bis heißen Diskussionen) | | 16.20-17.20 |
| Abschluß | Ein-Punkt-Frage:
Das Plakat der Einstiegsfrage, nun mit der Frage versehen:
"Wie war es denn?"

Durch Zuruf wurden die Punkte erläutert. Das Feedback zeigte eine bgeisterte Zustimmung dei den Schülern, eine sehr positive bei bei den Lehrern | | 17.20-17.30 |

Bemerkungen: Als Folge gab es einige konkrete Veränderungen,
                 z.B. individuell verabredetes Duzen zwischen Leh-
                 rern und Schülern, weniger sinnlose Strafen. Das
                 bessere Kennenlernen zwischen diesen Schülern und
                 Lehrern trug zu einer fröhlichen und lockeren
                 Stimmung auch in den Unterrichtsstunden dieser
                 Lehrer bei.

	3.6.1
Titel:	Moderierte Lernveranstaltung in der Universität/Hochschule
Anwendungsfeld:	Durchführung eines eineinhalbstündigen Seminars zu Beginn des Semesters
Thema:	Themenwahl und Gestaltung von Referaten in einem Hochschulseminar
Teilnehmer:	1 Dozent(in) bis zu 15 Teilnehmer mit einer Variante für mehr als 15 Teilnehmer
Moderator:	der Dozent/die Dozentin

Vorgeschichte: Ein Dozent ist unzufrieden mit dem Engagement der Studenten am Beginn eines Seminars. Die Referatverteilung verläuft schleppend, im Laufe des Semesters kommen immer wieder Studenten in die Sprechstunde, mit denen er einzeln offene Fragen der Referatgestaltung durchsprechen muß.

Ziele, Interessen und Konflikte: Der Dozent möchte einen schwungvolleren Einstieg in das Seminar erreichen. Ihn stört es, daß die Studenten eher formale Fragen (z.B. zum Aufbau von Referaten und Protokollen, zur Scheinvergabe usw.) haben, statt sich mit dem Inhalt zu beschäftigen. Studenten interessiert am Anfang des Semesters eher ihr Semesterplan, d.h. wann, mit welchem Aufwand und zu welchen Bedingungen sie einen Schein erwerben können. Diese unterschiedlichen Interessen führen leicht zu Mißverständnissen, die das ganze Semester belasten können.

Situation: Es ist die erste Seminarstunde des Semesters, eine Doppelstunde, also eineinhalb Zeitstunden. Das Seminar beginnt um 14.15 Uhr und endet um 15.45 Uhr.

Phasen	Moderationsschritt	Plakat	Zeit
Anwärmen	Begrüßung durch den Dozenten, Vorbereitung der Gruppe auf eine neue Methode		14.15-14.20
	1-Punkt-Frage:	1 vorbereit. Plakat	14.20-14.25

	Kurzreferat: Einführung in die Thematik des Seminars mit unterstützender Visualisierung	vorbereit. Plakat	14.25-14.35

Phasen	Moderationsschritt	Plakat	Zeit

| Referat-
verteilung | Zuruffrage: "Wer möchte welches
Referat übernehmen?" | vorbereit.
Plakat | 14.35-14.45 |

| Problem-
bearbeitung | Kartenfrage mit zwei Kartenfarben: | 2 Leer-
plakate
zum Sortieren | 14.45-15.00 |

Farbe a: formal
Farbe b: inhaltlich

Phasen	Moderationsschritt	Plakat	Zeit
	Fragen getrennt nach Farben mit der Gruppe sortieren		15.00-15.20
	Fragen beantworten. Dazu folgen- des Plakat benutzen und Antworten mitvisualisieren.	1 vorbereit. Plakat	15.20-15.40

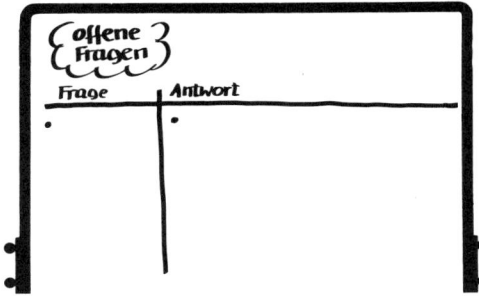

Anmerkung:
Inhaltliche Fragen gegebenenfalls
den einzelnen Referatthemen
zuordnen

Abschluß	1-Punkt-Frage:	1 vorbereit. Plakat	15.40-15.45

Phasen	Moderationsschritt	Plakat	Zeit

Variante bei mehr als 15-20 Teilnehmern:

Phasen	Moderationsschritt	Plakat	Zeit
Problem- bearbeitung	Zur Kartenfrage ("Was müssen wir hier klären, damit wir an die Arbeit gehen können?") spontane Kleingruppen bilden (2-4 Personen je Gruppe), die gemeinsam Karten schreiben. Mit den von den Kleingruppen abgegebenen Karten verfahren wie oben.		
Bemerkungen:	1. Diese Vorgehensweise ist geeignet für diskussionsorientierte Seminare, bei denen die Diskussion durch Teilnehmerreferate eingeleitet wird. Für Seminare, die eher schulischen Charakter haben, bietet sich eher ein Ablauf an, wie er unter "Moderation im Unterricht" (3.4.1) beschrieben ist. 2. Bei Seminaren, in denen die Themen erst gesammelt werden sollen, kann ähnlich verfahren werden. Dann sollte allerdings keine Vorgabe gemacht werden, wie hier unter Schritt 4 vorgeschlagen wird. Stattdessen kann die Kartenfrage in Schritt 5 zur Themensammlung benutzt werden. Es ist allerdings fraglich, ob eineinhalb Stunden für einen solchen Prozeß reichen. Eine Alternative dazu bietet der Ablauf "Projektarbeit" (3.2.2).		

	3.6.2
Titel:	Diskussion eines Referats

Anwendungsfeld:	Hochschule/Universität
Thema:	Effizientere Gestaltung der Diskussion nach einem Referat
Teilnehmer:	1 Dozent(in) bis zu 20 Teilnehmer
Moderatoren:	der referierende Student/die referierende Studentin und der Dozent(in)

Vorgeschichte: Von Dozenten wie von Studenten wird die Diskussion von Referaten meist als unbefriedigend erlebt: es beteiligen sich nur wenige, die Diskussion springt scheinbar wahllos von einem Punkt zum anderen, es kann nur schwer zwischen Verständnisfragen und Diskussionsbeiträgen unterschieden werden. Dadurch werden Seminare nicht nur langweilig, der Lerneffekt ist auch minimal.

Ziele und Interessen: Sowohl der referierende Student wie der Dozent haben ein Interesse daran, daß das Referat in seinem vollen Umfang diskutiert wird. Das gleiche Interesse haben Studenten, die inhaltlich engagiert sind. Das Bemühen um eine fruchtbare Diskussion wird wesentlich dadurch erschwert, daß die Diskussion nicht strukturiert erfolgt. Will der Dozent nicht die Struktur selbst vorgeben - und damit die Studenten passivieren -, muß er ihnen die Möglichkeit geben, selbst den roten Faden der Diskussion zu spinnen.

Anmerkung: Der referierende Student sollte die Hauptpunkte seines Referats auf einem Flip-Chart oder an der Tafel visualisieren. Das erleichtert den Teilnehmern, dem Referat zu folgen. Ein Referat sollte nie länger als 20 Minuten dauern und möglichst frei gehalten werden, damit der Referent Augenkontakt mit den Teilnehmern halten kann.

Situation: Eine beliebige Seminarstunde im Laufe des Semesters. Sie beginnt um 14.15 Uhr und endet um 15.45 Uhr.

Phasen	Moderationsschritt	Plakat	Zeit
Anwärmen	Ein-Punkt-Frage:	1 vorbereit. Plakat	14.15-14.20

Phasen	Moderationsschritt	Plakat	Zeit
Themen-bearbeitung	Referat durch den/die Studenten/in . Währenddessen werden die andere Studenten aufgefordert, alle Punkte, die sie fragen oder in der Diskussion ansprechen wollen, auf Karten mitzuschreiben.	Plakat m. Hauptpunkten	14.20-14.40
	Die Studenten werden gebeten, ihre drei wichtigsten Karten abzugeben		14.40-14.45
	Die Karten werden mit der Gruppe Gruppe gemeinsam sortiert	2 Leer-plakate	14.45-15.05
Diskussion	Die Teilnehmer bekommen Selbst-klebepunkte, die sie an die für sie wichtigsten Klumpen kleben		15.05-15.10
	Die Diskussion beginnt bei dem am höchsten bewerteten Klumpen.		15.10-15.40
Abschluß	Hinweis auf das nächste Thema durch den Dozenten. Die Studenten werden gebeten, sich auf Karten Fragen zu notieren, die sie in der nächsten Stunde einbringen wollen.		15.40-15.45

Varianten:

1. Wenn Zeit und Teilnehmerzahl es zulassen, kann die Sitzung auch mit einem Blitzlicht enden mit der Frage "Was war mir heute wichtig?"

2. Während der Diskussion können die wichtigsten Ergebnisse mitvisualisiert werden. Das kann hilfreich für ein eventuelles Protokoll sein.

3. Nicht (ausreichend) diskutierte Fragen können ggf. vom nächsten Referenten in sein Referat eingebaut werden.

Bemerkungen:

Der vergleichsweise hohe Zeitaufwand für die strukturierenden Moderationsschritte wird erfahrungsgemäß durch konzentrierteres Zuhören und gezieltere Diskussionsbeiträge wettgemacht.

	3.7.1
Titel:	Erfahrungsaustausch unter Ergotherapeuten

Anwendungsfeld:	Erfahrungsaustausch
Thema:	Meine Rolle als Ergotherapeut(in) im psychiatrischen Team
Teilnehmer:	12 Ergotherapeuten aus dem Fachbereich Psychiatrie
Moderatoren:	2 Ergotherapeutinnen

Vorgeschichte: Bei der jährlich stattfindenden Tagung des "Mannheimer Kreises", einer Einrichtung der Sozialpsychiatrie, sollten Ergotherapeutinnen und -therapeuten (ET) die Möglichkeit haben, in einem eigenen Erfahrungsaustausch ihre Arbeit im psychiatrischen Team zu reflektieren. Diese Teams bestehen aus den verschiedenen Mitarbeitern einer psychiatrischen Station (Ärzte, Stationsschwestern, Pfleger, Psychologen usw.)

Ziele, Interessen und Konflikte: Die Teilnehmer(innen) sollen die ModerationsMethode kennenlernen, indem sie sie für ihren Erfahrungsaustausch nutzen. Es zeigte sich, daß nicht alle daran interessiert waren, sondern lieber eine psychiatrische Abteilung am Veranstaltungsort besichtigen wollen.

Situation: Am Vormittag hatte eine zähe Diskussion darüber stattgefunden, wie dieser Tag sinnvoll zu nutzen ist. Nach langem Ringen stimmte eine Mehrheit für den Erfahrungsaustausch, eine Minderheit wollte die psychiatrische Abteilung besichtigen. Die Minderheit schloß sich für den Nachmittag zunächst der Mehrheit an, war aber mit dieser Lösung nicht zufrieden.

Diese Diskussion war konventionell, d.h. ohne Moderation, geführt worden.

Phasen	Moderationsschritt	Plakat	Zeit
Anwärmen	1-Punkt-Frage:	vorbereit. Plakat	15.00-15.10

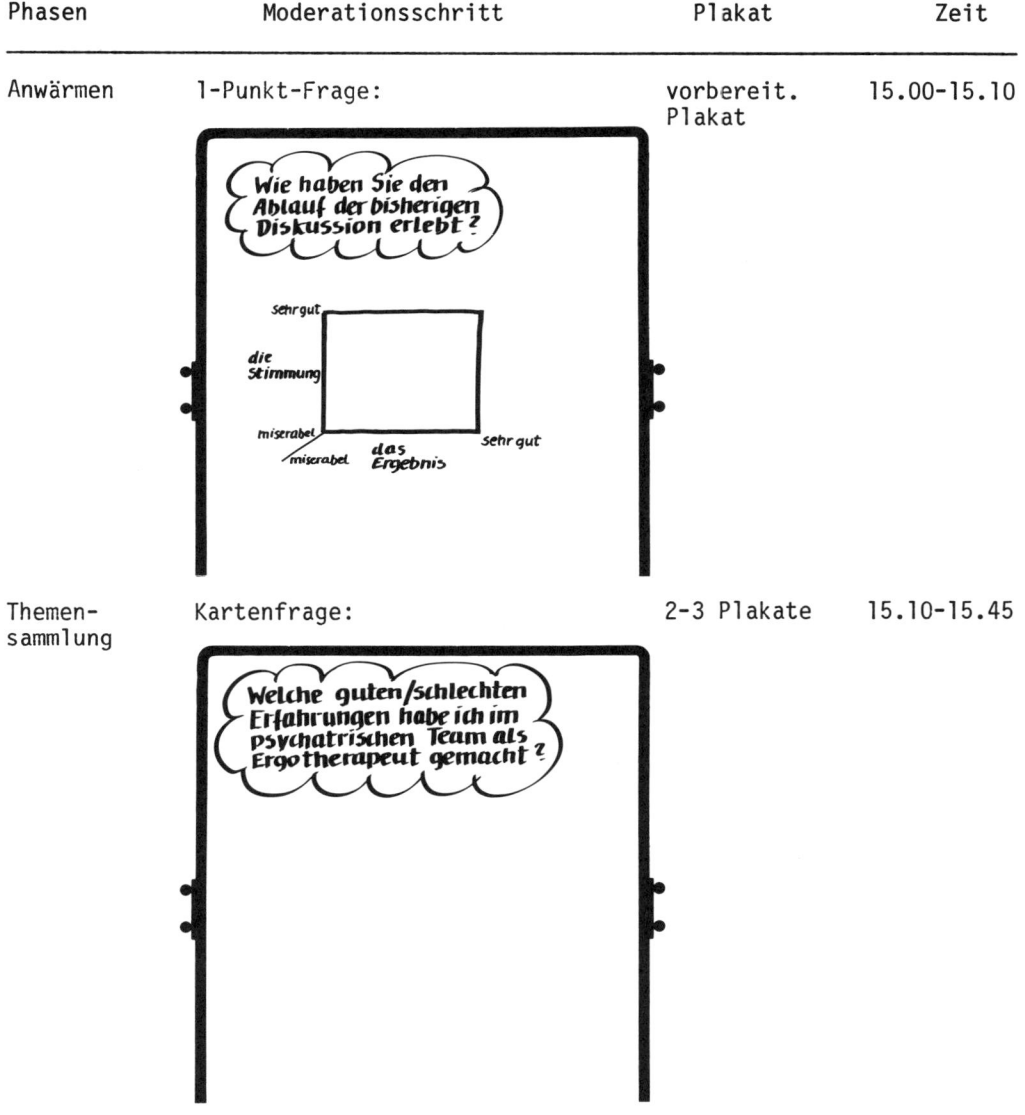

Phasen	Moderationsschritt	Plakat	Zeit
Themen-sammlung	Kartenfrage:	2-3 Plakate	15.10-15.45

!! Sortieren der Karten mit der
Gruppe gemeinsam

Phasen	Moderationsschritt	Plakat	Zeit

Eintragen der Themenkreise in
Themenspeicher:

Themen-
speicher

15.45-16.00

Bewerten:
"Was möchte ich am dringlichsten
mit diesen Kollegen hier besprechen?"

Die am höchsten bewerteten Themen
werden für die Kleingruppenarbeit ausgewählt. Die Zuwahl zu
den Kleingruppen erfolgt nach
Interesse.

Themen- bearbeitung	Kleingruppenarbeit nach folgen- dem Scenario:	ein Beispiel- plakat	16.00-16.45

Pause

16.45-17.00

Phasen	Moderationsschritt	Plakat	Zeit
	Präsentation der Kleingruppen-ergebnisse		17.00-17.45
Handlungs-orientierung	Bildung von 2er-Gruppen: Gespräch über die Fragen: * was möchte ich ausprobieren * worauf will ich achten Jede(r) notiert für sich eine Antwort		17.45-18.15
Abschluß	Blitzlicht: * Wie war dieser Tag für mich * Was nehme ich für meine Arbeit mit nach Hause.		

Bemerkung:

Die Minderheitengruppe, die lieber eine Abteilung besichtigen wollte, tat dies während der Klein-gruppenarbeit. Sie berichtete dann während der Präsentation über ihre Besichtigung, so daß auf. diese Weise alle Interessen befriedigt werden konnten.

Titel:	3.8.1 Familie
Anwendungsfeld:	Problemlösung im Privatbereich
Thema:	Gestaltung der Ferien
Teilnehmer:	Mutter, Vater, 3 Kinder (12, 10, 8 Jahre)
Moderator:	Mutter

Vorgeschichte: Die letzten Ferien haben alle Familienmitglieder als nicht genügend abgestimmt erlebt. Jeder glaubte, auf die anderen Rücksicht genommen zu haben, ohne genau zu wissen, was jeder wollte. Es blieb am Ende der Ferien ein Unbehagen auf allen Seiten.

Ziele, Interessen und Konflikte:

1. Der Vater möchte einen ruhigen Urlaub verbringen, er möchte viel lesen, selber häufiger kochen und wenig fremde Menschen um sich haben.

2. Die Mutter erhofft Entlastung bei der notwendigen Hausarbeit und der Kinderbetreuung. Sie möchte viel lesen und Zeit haben für alte und neue Kontakte.

3. Die Kinder möchten mit Freunden zusammensein und mit den Eltern ab und zu etwas zusammen unternehmen.

Situation: Die Familie trifft sich, um über die Gestaltung der verschiedenen Ferien im Jahr zu sprechen.

Phasen	Moderationsschritt	Plakat	Zeit

Anwärmen · Ein-Punkt-Frage: · vorbereit. Plakat · 14.00-14.15

Zurufe zu den einzelnen Punkten
mitvisualisieren

!! Vorsicht: Nicht selbst inter-
    pretieren.

Präsentation eines Kalenders,
in dem alle Ferien der Kinder
eingetragen sind. · ein großer Kalender · 14.15-14.20

Problem-
orientierung · Kartenfrage: · vorbereit. Plakat · 14.20-14.35

!! Karten von Familienmitgiedern
   zuordnen lassen.

107

Phasen	Moderationsschritt	Plakat	Zeit
	Wünsche-Speicher erstellen	vorbereit. Plakat	14.35-15.30
	Bewertung: "Was wollen wir gemeinsam tun?" oder: "Worüber müssen wir uns einigen ?"		
Problem-diskussion	Diskussion über die höchstbewerteten Wünsche		
	Fragen zur weiteren Bearbeitung: * Wann und wo kann/will ich das .... machen ? * Mit wem möchte ich das machen ? * Was kostet das voraussichtlich ? * Was müssen wir noch klären, um entscheiden zu können ?		
Handlungs-orientierung	Tätigkeitskatalog erarbeiten: "Wer klärt was bis wann ?"	DIN A4 Blatt	15.30.15.45

Ein-Punkt-Frage:

Dank und Ende   15.45

Titel:	3.8.2
	Frauencafé

Anwendungsfeld:	Arbeitsorganisation/Teamarbeit
Thema:	Wie können wir so zusammenarbeiten, daß das Café läuft und wir uns wohl fühlen
Teilnehmer:	8 Frauen, die sich kennen
Moderator:	eine externe Moderatorin

Vorgeschichte:	Das Frauencafé läuft schon eine Weile und ist auch gut besucht. Doch es gibt immer wieder Probleme mit der Organisation, dem Einkauf, der Werbung, der Bedienung. Es gibt auch viel Frustration unter den mitarbeitenden Frauen.

Ziele, Interessen und Konflikte:	Es gibt zwei Hauptgruppierungen unter den Frauen, die sich darin unterscheiden, wie sie mit dem Publikum umgehen, welches sie fördern wollen, welche Ausstrahlung mit welchem Comfort das Café haben soll. Außerdem fehlt es an der Konstanz der Arbeit wegen der häufig wechselnden Frauen in der Gruppe ("die Alten", "die Neuen"). Manche kümmern sich mehr, arbeiten mehr als andere.

Situation:	Die Gruppe trifft sich in einem Raum außerhalb des Cafés, um einen Nachmittag und Abend ihre Probleme zu diskutieren.

Phasen	Moderationsschritt	Plakat	Zeit
Anwärmen	Begrüßung und Anlaß des Workshops, Funktion der Moderatorin		15.00-15.20
	Blitzlicht: "Wie geht es mir jetzt?" "Welche Erwartungen habe ich an diesen Workshop?"		
	Ein-Punkt-Frage:	1 vorbereit. Plakat	15.20-15.25

!! Kommentare durch Zuruf.
   Mitvisualisieren!

Phasen	Moderationsschritt	Plakat	Zeit

Problem-orientierung	2erGruppen-Bildung: "Suche die, mit der du am wenigsten zusammen bist." Kleinstgruppenarbeit mit folgendem Scenario:	1 vorbereit. Plakat	15.25-15.40

	Vorstellen der Kleinstgruppen- ergebnisse im Plenum Speicher: "Probleme, Themen"	vorbereit. Liste	15.40-16.00
	Bewertung: "Was müssen wir hier und heute klären?"		16.00-16.05
Problem-bearbeitung	Kleingruppenbildung nach Interesse Kleingruppenarbeit mit folgendem Scenario:		16.05-16.50

	Vorstellen der Kleingruppenergeb-nisse im Plenum		17.00-17.45
	Diskussion: Lösungsvorschläge schläge und weiterführende Fragen werden gesammelt	vorbereit. Liste	
	Ein-Punkt-Frage:	1 vorbereit. Plakat	17.45-17.50

!! Kommentare durch Zuruf

	Begegnungen in 2er-Gruppen: * "Was ich Dir schon immer mal sagen wollte." * "Was ich mir von dir wünsche." * "Was ich dir zu geben bereit bin." (3 x 10 Min.)	1 vorbereit. Plakat	17.50-18.20
	Blitzlicht: "Wie habt Ihr die Begegnung erlebt? Evtl. Regeln mitvisualisieren		18.20-18.30
	Pause		18.30-19.00

Phasen	Moderationsschritt	Plakat	Zeit

Handlungs-
orientierung

Lösungsvorschläge zu Tätigkeiten: 19.00-19.30

"Was passiert mit den offen
gebliebenen Fragen?

Abschluß   Blitzlicht: 19.30-20.00
                * "Was hat es für mich gebracht?"
                * "Was hat es für unsere Arbeit
                  im Café gebracht?"
                * "Wie geht es mir jetzt?"

Bemerkung: Die Frauen bestätigten nachher, daß sie in diesem
                            Workshop erstmals für sich klären konnten, wie-
                            viel Kraft sie für die Arbeit im Frauencafé auf-
                            wenden wollten. Das brachte mehr Klarheit in die
                            Zusammenarbeit. Einige Frauen reduzierten ihre
                            Arbeit stark, andere vermehrten ihren Teil. Eini-
                            ge der erarbeiteten Lösungen waren so konkret,daß
                            sie sofort eingeführt bzw. durchgeführt werden
                            konnten.

	3.8.3
Titel:	Initiative für ein Jugendzentrum
Anwendungsfeld:	organisatorische und politische Beziehungen in der Jugendarbeit
Thema:	Planung eines Jugendzentrum in einem besetzten Haus
Teilnehmer:	20 jugendliche Hausbesetzer
Moderator:	Mitbesetzer, der Erfahrungen mit der Moderations-Methode hatte und spontan zum Filzstift griff
Vorgeschichte:	In einem Stadtteil soll ein Haus abgerissen werden. Aktive Jugendliche hatten sich schon länger für ein Jugendzentrum eingesetzt. Sie besetzten das Haus und gleichzeitig das Büro des Bürgermeisters, um mit ihm zu dikustieren. Die Besetzung verläuft friedlich.
Interessen und Konflikte:	Die Stadt will abreißen und einen Geschäftsneubau errichten. Die Jugendlichen wollen ein stadtteilorientiertes Jugendzentrum. Die Polizei will Ruhe und Ordnung.
Situation:	Während der Besetzung diskutieren die Jugendlichen die Einzelheiten der Lage und was sie überhaupt wollen. Als die Diskussion beginnt, sehr chaotisch zu werden, besorgt sich ein moderationserfahrener Jugendlicher im benachbarten Papiergeschäft einige Filzstifte, Packpapiere und Tesakrepp. Unter der neugierigen Anteilnahme der Beteiligten werden die Packpapiere an die Wände des besetzten Hauses geklebt.

Phasen	Moderationsschritt	Plakat	Zeit
Themen-sammlung	Zuruffrage: 	1 Liste	17.00-17.10

	Bewertung:
	"Womit müssen wir anfangen?"
	(3 Schwerpunkte haben sich
	herauskristallisert:
	1) Der Weg durch die Instanzen
	2) Welche Aktionen sind sinnvoll?
	3) Konzept eines Jugendzentrums?
	  - Was soll passieren?
	  - wer soll es wie verwalten?)
			17.10-17.20

Themen-bearbeitung	Diskussion: Zu allen drei Punkten wird im Hausbesetzerplenum ein Brainstorming gemacht, um den an- schließenden Kleingruppen eine Arbeitshilfe zu geben. (Der Moderator visualisiert nur mit)	3-5 Leer-plakate	17.20-17.50

Phasen	Moderationsschritt	Plakat	Zeit

Kleingruppenarbeit: 17.50-18.50
Die Kleingruppen nehmen die Resul-
tate des Brainstorming und verarbeiten sie nach folgendem
Scenario:

Vorstellung der Kleingruppen-Ergeb-   18.50-19.50
nisse im Plenum, Ergänzung und
Diskussion

Handlungs-   Konstituierung von Arbeitsgruppen   1 Leer-
orientierung   Auf Grund der Kleingruppen-   plakat
                Diskussion werden Arbeitsgruppen
                gebildet, die über einen längeren
                Zeitpunkt Vorschläge an die Stadt
                erarbeiten wollen.

                Auf einem Plakat wird fest-
                gehalten:
                * Thema der Kleingruppe
                * Wer arbeitet mit
                * Wo und wann treffen wir
                  uns das nächste Mal
                * Wer verhandelt mit der
                  Stadt
                * Wann treffen wir uns das
                  nächste Mal im Plenum

Auswirkungen: Die Arbeitsgruppen haben einen Monat lang regel-
                     mäßig gearbeitet. Die Stadt hat den Abrißbeschluß
                     zunächst zurückgestellt. Die Hausbesetzung ist
                     friedlich verlaufen. Das Haus ist inzwischen abge-
                     rissen worden, es besteht jedoch die Aussicht, daß
                     den Jugendlichen ein anderes Haus zur Verfügung
                     gestellt wird.

116

4.1 Die Haltung des Moderators

Der Moderator ist/
ist nicht

Der Moderator ist ein methodischer Helfer, ein Katalysator, eine "Hebamme" für ein Problem. Sein Wissen, seine Erfahrung stehen den Teilnehmern zur Verfügung.

Der Moderator ist kein Leiter, Führer oder Hierarch, der "weiß wo's lang geht", er ist kein Lehrer, der es besser weiß, er ist kein Experte, der das "Eigentliche" weiß.

Der Moderator ist ein Fachmann für die Wege, das "Wie" der Kommunikation zwischen Menschen. Das bestimmt seine Haltung, die sich mit folgenden Sätzen beschreiben läßt.

Die Haltung des
des Moderators

Der Moderator:

* stellt seine eigenen Meinungen, Ziele und Werte zurück. Er bewertet weder Meinungsäußerungen noch Verhaltensweisen. Es gibt für ihn kein "richtig" oder "falsch" während der Moderation;

* nimmt eine fragende Haltung ein und keine behauptende. Durch Fragen aktiviert und öffnet er die Gruppe füreinander und für das Thema;

* ist sich seiner eigenen Einstellung zu Menschen und Themen, seiner eigenen Stärken und Schwächen bewußt und übernimmt für sich die Verantwortung. Er hilft damit auch den Teilnehmern möglichst selbstverantwortlich zu reagieren;

* faßt alle Äußerungen der Gruppe als Signale auf, die ihm den Gruppenprozeß verstehen helfen, und versucht, den Teilnehmern ihr eigenes Verhalten bewußt zu machen, so daß Störungen und Konflikte bearbeitet werden können - ohne moralische Appelle auszusprechen;

* diskutiert nicht über die Methode, sondern wendet sie an;

* rechtfertigt sich nicht für seine Handlungen und Aussagen, sondern klärt die Schwierigkeiten, die hinter Angriffen und Provokationen stehen;

* arbeitet im Normalfall immer zu zweit, da sowohl die Technik der Moderation als auch die Beziehungssituation die Zusammenarbeit notwendig machen. In Ausnahmefällen, wie bei Spontanmoderationen oder bei Kurzmoderationen kann auch einmal ein Einzelner moderieren.

Wenn der Moderator inhaltlich und/oder organisatorisch mit der Gruppe verbunden ist und daher auch einen eigenen Standpunkt einzubringen hat, muß er jeweils sichtbar machen, wann er in der Funktion des Moderators den Prozeß steuert und wann er als Teil der Gruppe seine eigene Meinung äußert.

4.2 Visualisierung

4.2.1 Begründung und allgemeine Regeln

**Visualisierung =
Optische
Darstellung =
Informationen
fürs Auge**

Die Visualisierung ist ein unverzichtbarer Bestandteil der ModertionsMethode, ohne sie wären viele andere Techniken nicht so anwendbar und die Vorteile der Methode nicht wirksam.

Wir verfügen über fünf Sinne, d.h. über fünf Wahrnehmungskanäle, trotzdem nutzen wir für die meisten Kommunikationsprozesse in Gruppen nur einen Kanal: das **Ohr** !

Die Konzentration und Aufmerksamkeit wird jedoch durch die optische Ansprache erheblich gesteigert. Darüberhinaus wird durch das Sehen mit den Augen beim Aufnehmen von Informationen die Merkfähigkeit erheblich gestärkt. Das gleichzeitig **Gehörte** und **Gesehene** bleibt besser im Gedächtnis haften.

**Vorteile der
Visualisierung
für die Arbeit
in Gruppen**

* Visualisierte Aussagen erleichtern eine gleiche Interpretation bei allen Teilnehmern einer Gruppenarbeit. Sie erhöhen damit die Chance, die Probleme konkreter zu diskutieren und alle auf einen gemeinsamen Punkt zu konzentrieren.

* Die Visualisierung zwingt den Präsentator zu einer Selektion zwischen wesentlichen und unwesentlichen Informationen. Dadurch wird die Aufnahmekapazität der Mitglieder der Gruppe nicht überfordert.

* Verbal schwierig zu erklärende Sachverhalte sind durch die optische Unterstützung leichter zu vermitteln. Dadurch lassen sich unterschiedliche Informationsstände bei den Teilnehmern einfacher ausgleichen.

* Visualisierungen ermöglichen es, Aussagen, Kontroversen und Ergebnisse - für alle sichtbar - sofort darzustellen und festzuhalten. Es entstehen so keine nachträglichen Schwierigkeiten bei Standortbestimmungen, Zusammenfassungen, Dokumentationen, Informationsweitergaben und Interpretationen.

* Ferner trägt die Visualisierung dazu bei, daß sich die Teilnehmer mit dem Ergebnis identifi-

zieren: jeder <u>sieht</u> seinen Beitrag und die
Entstehung des Ergebnisses.

Grundregeln für
die Visualisierung

Visualisierung für die Gruppenarbeit heißt, Plakate so vorzubereiten, daß die Gruppe damit arbeiten kann: Das können Fragen, Raster, Speicher,
Scenarien oder Informationen sein.

Im folgenden Teil finden Sie die wichtigsten Regeln, die für diese Visualisierung gelten. Plakat-
typen, die ständig gebraucht werden, sind bei den
entsprechenden Phasen eines Moderationsablaufs
(siehe 4.3 ff) dargestellt.

* Die Visualisierung ergänzt die präzise Erklä-
  rung der Arbeitsanweisungen, sie ersetzt sie
  nicht; es genügt deshalb, in Stichworten zu
  visualisieren.

* An der Sorgfalt der Visualisierung kann man
  erkennen, wie die Moderatoren die Menschen
  achten und wie wichtig sie ihre Arbeit nehmen;

* Informations-Eingaben (Präsentationen), die
  für die Diskussion wichtig sind, sollten eben-
  falls visualisiert eingebracht werden.

4.2.2 Schrift

Zwei Schriftgrößen

Nach unserer Erfahrung haben sich am besten die
Filzstifte von Edding bewährt.

edding 1, den dünneren Stift, verwenden wir für
die Beschriftung von Karten und für Texte auf dem
Plakat. Auch die Teilnehmer schreiben mit diesem
Stift. Dadurch entsteht eine Schriftgröße (Höhe
ca.2,5 cm), die auch aus 6-8 m Entfernung noch
lesbar ist. Das ist der übliche Abstand, den die
Teilnehmer in einer Gruppe von max. 20 Personen
von den Tafeln haben.

edding 800, den dickeren Filzstift verwenden wir
für Überschriften, Betonungen, Linien, Zahlen und
Pfeile (Schrifthöhe ca. 5 cm)

Diese unterschiedlichen Schriftgrößen sind wir auch
aus Druckerzeugnissen gewöhnt. Zeitungen gliedern

z.B. die Seite durch unterschiedliche Schriftgrößen, Abstände und dicke und dünne Linien. An
diese Gewohnheit knüpfen wir mit unseren Visualisierungen an.

**Richtige Haltung
der Filzstifte**

edding 1 so in die Hand nehmen, daß die hohe Kante
zum Daumen zeigt, dann mit der vollen Breitseite
schreiben und beim Schreiben nicht mehr drehen.

edding 800 so in die Hand nehmen, daß die hohe
Kante zum Papier zeigt, mit der vollen Kante
(Giebelseite) schreiben und beim Schreiben nicht
drehen.

**Groß- und
Kleinbuchstaben
verwenden**

Kleinbuchstaben ergeben wegen ihrer unterschiedlichen Ober- und Unterlängen unterschiedlichere
Wortbilder, die für das Auge leichter voneinander
zu unterscheiden sind. Sie können das auch in
Schreibmaschinenschrift an folgendem Beispiel erkennen:

VISUALISIERUNGSBEISPIEL

Visualisierungsbeispiel

**Druckschrift
schreiben**

Druckschrift ist besser lesbar als Schreibschrift,
denn sie verschleift nicht so. Sie ist auch hilf-

reicher bei der Aufteilung von Schrift auf Karten und Plakaten.

Kurze Ober- und Unterlängen

Die Lesbarkeit der Schrift in bezug auf ihre Größe hängt ab von der Höhe der **Mittellängen**, lange Ober- und Unterlängen tragen nichts zur Lesbarkeit bei. Diese Art des Schreibens sehen Sie auf allen Plakaten, die wir als Beispiele in dieses Buch aufgenommen haben.

eng aneinander schreiben

Das Auge erfaßt die einzelnen Wortbilder besser, wenn die Buchstaben eng aneinander gesetzt werden. Zwischenräume **zwischen** den Wörtern gliedern die Wahrnehmung einer Aussage.

Nicht optisch brüllen oder nuscheln

Sie sollten weder zu groß (über 5 cm) noch zu klein (unter 2,5 cm) schreiben. Genau wie in der Rhetorik sollten Sie Ihre Schrift der Größe der Gruppe und der Entfernung zu den Teilnehmern anpassen. Wir gehen hier von einer Gruppengröße bis zu 20 Teilnehmern und einer Entfernung von maximal 8 m aus.

4.2.3 Elemente der Visualisierung

Karten in der Größe 10 x 21 cm (= 1/3 DIN A 4) in den vier Farben weiß, hellgrün, gelb und orange. Sie werden verwendet für Aussagen der Teilnehmer und für Texte auf Plakaten.

Kuller (runde Papierscheiben) in den vier Farben werden verwendet für Betonungen von Aussagen und Überschriften. Kleine Kuller verwenden wir bei der Selbstzuordnung von Teilnhmern zu Kleingruppen. Die großen Kuller haben einen Durchmesser von 20 cm, die kleinen von 10 cm

Ovale Kuller in den vier Farben (Breite = 21 cm, Höhe = 10 cm) verwenden wir beim schriftlichen Diskutieren, d. h. beim Festhalten von Aussagen der Plenumsteilnehmer nach der Vorstellung von Kleingruppenergebnissen. Damit unterscheiden sich die Karten aus dem Plenum von denen, die die Kleingruppe benutzt hat.

Überschriftstreifen in den vier Farben heben die Titel besonders hervor. Wenn man sie untereinanderklebt, kann man aus ihnen Wolken und andere großflächige Formen ausschneiden.

Selbstklebepunkte (Ø 9 mm) in verschiedenen Farben werden zum Beantworten von Punkt-Fragen und für Bewertungen z.B. von Themenkatalogen gebraucht.

Konfliktpfeile werden benutzt, um Konflikte, Widersprüche und Dissens zu kennzeichnen, Pfeile und andere Symbole zum Betonen von Aussagen. Alle Symbole wie auch die Linien, aus denen Speicher und Listen bestehen, werden mit dem **dicken** Filzstift gemalt. Betonende Symbole sollen nur sparsam verwendet werden.

Die Filzstifte edding 1 und edding 800 verwenden wir in den vier Farben schwarz, blau, rot und grün. Auf Karten sollte immer mit dem schwarzen Filzstift geschrieben werden, damit die Schrift genügend Kontrast zur Kartenfarbe behält. Farbige Filzstifte verwenden wir, wenn wir direkt auf das Plakat schreiben.

Freiflächen gliedern die Aussagen auf dem Plakat besser als Trennlienien. Freiflächen symbolisieren auch den geistigen Raum, der der Gruppe für die Mitarbeit eingeräumt wird.

Alle Elemente, d.h. Farben, Formen, Symbole sollen sparsam verwendet werden. Erst dadurch entstehen die Klarheit und Präzision des Denkens und damit der Information, die an die Gruppe herangetragen werden soll.

4.2.4 Anordnung der Elemente

Lesegewohnheit beachten

Wir orientieren uns selbstverständlich an der in unserem Kulturkreis üblichen Leserichtung von links nach rechts und von oben nach unten. Danach muß sich der Aufbau einer Visualisierung auf dem Plakat wie auch die Reihenfolge der Plakate auf mehreren Tafeln richten.

Collage-Technik nutzen

Beim Erstellen von Visualisierungen empfiehlt es sich, alle Texte auf Karten, Kuller oder Überschriften zu schreiben, sie zunächst aufzustecken (d.h. eine Collage herzustellen) und erst dann

Nur eine Frage, einen Sinnzusammenhang je Plakat

festzukleben, wenn die Visualisierung den Vorstellungen entspricht. So lassen sich auch leichter Korrekturen anbringen.

Die Einheit des Gedankens ist sinnhaft ausgedrückt in der Einheit des Plakats. Das ist auch hilfreich für die nachträgliche Veränderung von Zusammenhängen zwischen einzelnen Plakaten.

Blöcke bilden

Schriftblöcke sind vom Auge besser zu erfassen als Schriftzeilen, die über die ganze Breite des Plakats gehen. So können auch inhaltliche Zusammenhänge leichter erfaßt werden. Überschriften und Fragen kommen immer in die linke obere Ecke des Plakats. Die Zeilenlänge soll ein Drittel der Plakatbreite nicht überschreiten.

Linien in Listen im Kartenabstand

Das Auge orientiert sich am Raster der Karte. Deshalb sollte dieses Raster auch in den Listen erhalten bleiben, d.h. der Abstand zwischen den Linien untereinander beträgt ca. 15 cm. Dadurch wird auch das Einhängen von einzelnen Karten in Listen erleichtert.

Wirkung des Plakats testen

Bevor Sie ein Plakat für fertig erklären, sehen Sie es sich aus der Zuschauerdistanz an. Erst aus dieser Entfernung können Sie feststellen, ob Sie die erwünschte Wirkung erzielt haben.

4.3 Phasen eines Moderationsablaufs:
Die Methoden der Moderation im einzelnen.

Wie ein gutes Theaterstück hat auch eine Moderation einen Spannungsbogen, der sich an dem Lebenstonus von Anspannen und Entspannen orientiert. Er nimmt Rücksicht auf die natürlichen Bedürfnisse der Menschen, ihre Aufnahmebreitschaft und ihre Aktivitätsbedürfnisse.

Der Erfolg einer Moderation hängt unter anderem davon ab, wie weit es dem Moderator gelingt, den Rhythmus seiner Moderation den Bedürfnissen und Fähigkeiten seiner Zielgruppe anzupassen. Dazu gehört zum einen, die im folgenden beschriebenen Phasen einzuhalten, zum anderen, einen sinnvollen Wechsel von Arbeit und Pausen einzuhalten.

Im folgenden beschreiben wir die Methoden der Moderation im einzelnen an den Stellen, an denen sie in einem Moderationsablauf auftreten. (Sie sind jeweils unterstrichen.) Wenn Sie Anregungen für Frageformulierungen in Ihren eigenen Abläufen suchen, empfehlen wir Ihnen, die Moderationsabläufe im vorigen Kapitel durchzublättern und sich inspirieren zu lassen.

4.3.1 Begrüßung - Kennenlernen - Anwärmen

"Begrüßen" ist selbstverständlich. Doch bestimmt das "wie" der Begrüßung den ganzen Verlauf der Moderation, weil es einen wesentlichen Einfluß auf die Stimmung hat. Selbst wenn eine Gruppe verstimmt und konfliktgeladen ist, kann die Art, wie sie "empfangen" wird, wesentlich dazu beitragen, daß eine kommunikationsbereite Haltung gefördert wird.

Einflüsse

Einfluß darauf hat zunächst die Haltung und Einstellung des Moderators selbst:

* bin ich selbst offen ?
* mag ich die Gruppe ?
* wie ist meine eigene Stimmung ?

Der Moderator sollte keine freundliche Maske tragen, sondern sich bewußt sein, in welcher Verfassung er selber ist.

Sodann ist die Vorbereitung des Raums wichtig,
bevor die Gruppe kommt:

*   Erlaubt die Sitzordnung Bewegung und Kontakt ?
*   Sind Plakate und Material zur Hand ?
*   Welche Ausstrahlung hat der Raum und was kann
    der Moderator dazu beitragen, sie angenehm zu
    machen ?

Selbst wenn der Raum ungemütlich und kalt ist,
können ein paar kleine Veränderungen der Sitzordnung, ein Tisch mit Getränken, Plakate an den
Wänden usw. schon einige Verbesserungen bringen.
Es ist wichtig, daß der Moderator hier seine eigene Phantasie einsetzt und nicht einem Stereotyp
folgt.

a) Begrüßung

Informelle Begrüßung

Bei der informellen Begrüßung, die zum Großteil
von der Gruppe und der Situation abhängt, kann der
Moderator durch seine Haltung Vorbild sein.

Namensschilder

Methodisch läßt sich die informelle Begrüßung mit
dem Schreiben und Verteilen der Namensschilder
(auf Tesa-Krepp-Streifen) verbinden, wenn sich die
Gruppe nicht oder nur wenig kennt.

Formelle Begrüßung

Die formelle Begrüßung der Gruppe wird zweckmäßig
verbunden mit:

*   der Vorstellung des oder der Moderatoren
*   wenn nötig einer Aussage des Moderators zu
    seiner methodischen Funktion (Rolle)
*   der Klarstellung, was mit dem Ergebnis der
    Veranstaltung passiert

Zielplakat

Mit Hilfe eines ersten Plakates sagt der Moderator kurz etwas zu den Zielen dieser Moderation:

Die Formulierung der Überschrift hängt ab von der Situation. Sie kann auch "Anlaß", "Absicht" dieser Moderation heißen, oder lockerer "was wir heute gemeinsam tun wollen".

!! Warnung !!
Dieses Plakat sollte keine inhaltlichen Vorwegnahmen beinhalten, oder Ziele, die in der Gruppe erst diskutiert werden sollen.

Regel

Gerade die ersten Plakate sollten sorgfältig visualisiert werden, um der Gruppe den Stellenwert der optischen Aufbereitung zu zeigen (Vorbildwirkung)

b) Kennenlernen

Um die Teilnehmer, die sich nicht oder nur wenig kennen, schneller miteinander vertraut zu machen, gibt es folgende Methoden:

Vorstellungsrunde

Vorgehen:

* die Gruppe sitzt im Kreis und jeder antwortet nacheinander auf vom Moderator formulierte Fragen (z.B.: Wer bin ich ? Was tue ich ? Was möchte ich hier über mich sagen ?) oder sagt frei etwas zu sich selbst

* die Beiträge sollten kurz sein und doch das Wesentliche enthalten.

* der Vorteil besteht darin, daß keine Visualisierung vorbereitet werden muß, der Nachteil,
daß man sich bei größeren Gruppen die Informationen schlecht merken kann.

<u>Gruppenspiegel</u>   Der Moderator hat vor der Ankunft der Teilnehmer
z.B. folgendes Plakat vorbereitet:

Gruppenspiegel

Name	Tätigkeit	Org. Einheit	meine liebste Beschäftigung
1			
2			
3			

Vorgehen:

* der Moderator bittet jeden der hereinkommt,
sich einzutragen

* am Anfang der Sitzung stellt sich dann jeder
selbst, neben dem Plakat stehend, der Gruppe
vor

* die Titel der Spalten 2,3,4... sind situa-
tionsbezogen

* die letzte Spalte sollte immer etwas Persönli-
ches enthalten

* der Gruppenspiegel sollte während der Veranstaltung sichtbar hängen bleiben.

<u>Paar-Interview</u>   Eine Zweiergruppe (Kleinstgruppe) kann sowohl dem
Kennenlernen, der Problemsammlung, als auch dem
Feedback dienen.

Der Moderator hat ein Plakat (Scenario) mit den
Fragen für die Kleinstgruppe vorbereitet z.B.:

<table>
<tr><td colspan="2">(Interview)</td></tr>
<tr><td>wichtige
Lebensstationen</td><td>Erwartungen/Befürchtungen
an diese Veranstaltung</td></tr>
<tr><td>A •
•
•
•
•</td><td>A •
•
•
•</td></tr>
<tr><td>B •
•
•</td><td>B •
•
•</td></tr>
</table>

Vorgehen:

* die Gruppenmitglieder finden sich zu Paaren
  zusammen. Der Moderator kann hier ein Auswahl-
  kriterium anbieten, z.B.
  - den, den Sie am wenigsten kennen,
  - den, mit dem sie am häufigsten zusammenar-
    beiten usw. (je nachdem, was er erreichen
    will)

* die Partner interviewen sich gegenseitig und
  schreiben die Antworten auf einem Plakat in
  Stichworten mit

* Das Plakakat wird nach ca. 15 - 20 Minuten
  Arbeitszeit vor der Gesamtgruppe dargestellt

!! Warnung !!
Das Paarinterview zum Kennenlernen hat nur Sinn,
wenn die Moderation mindestens einen Tag dauert.
Es kostet sonst zu viel Zeit.

c) Anwärmen

Der nächste Schritt besteht darin, die Gruppe
bereit zu machen, miteinander zu arbeiten. Folgende Methoden können diese Funktion erfüllen:

Blitzlicht
Das Blitzlicht gibt jedem Teilnehmer die Möglichkeit, in einem kurzen Beitrag seine Gefühle anzu-
sprechen, die ihn in der gegenwärtigen Situation
bewegen.

In der Anwärmsituation sind das

* Gefühle, die jeden beim Ankommen bewegten,

* Emotionale Erwartungen an die Veranstaltung,

* belastende, bedrückende Dinge, die mit der konkreten Situation zu tun haben können oder aus vergangenen Situationen stammen können, die aber angesprochen oder sogar bearbeitet werden müssen.

Regeln

Für das Blitzlicht gelten folgende Regeln:
(In Gruppen, denen diese Regeln neu sind, sollten sie visualisiert werden.)

* Jeder spricht nur über sich und benutzt **ich** statt **man**

* Jeder macht kurze (Blitzlicht !) persönliche Aussagen zur Frage (Gefühle, Erfahrungen)

* Es gibt keine Diskussion oder Stellungnahmen zu den Aussagen der anderen.

Die Reihenfolge der Wortergreifung kann sich nach der Sitzordnung richten oder nach freier Wahl der Teilnehmer. Die Moderatoren sind Bestandteil der Gruppe und nehmen am Blitzlicht teil. Sie achten auf die Einhaltung der Regeln. Der Moderator formuliert die Fragen für das Blitzlicht präzise und konkret auf die Gefühle hin, z.B:

* Wie geht es mir jetzt ?

* Was hat mich beim Herkommen bewegt ?

* Was liegt mir auf der Seele in bezug auf diese Veranstaltung ?

<u>Ein-Punkt-Frage</u>

Mit der "Ein-Punkt-Frage" (= mit einem Klebepunkt zu beantworten) kann der Moderator die Einstellung und Haltungen sichtbar machen.

130

Zum Anwärmen eignen sich folgende Fragen:

Gleitende Skala:

Gestufte Skala:

Koordinatenfeld:

!! Achtung !!
Alle vier Ecken müssen eine Bedeutung haben, die
der Gruppe vorher erklärt wird.

Regeln   Zur Visualisierung:

* Überschrift (Frage) deutlich und hervorgehoben in die linke obere Ecke des Plakats

* Skala und Felder entsprechend der Gruppengröße groß genug gestalten, um eine deutliche Streuung sichtbar zu machen

* Unterhalb des Schemas sollte Platz für die zugerufenen Bemerkungen, Stellungnahmen, Antworten sein.

Zur Frageformulierung:

* Die Fragen sollten präzise formuliert und visualisiert sein

* sie sollen an die Gruppe persönlich gerichtet sein

* sie sollen so offen sein, daß jeder sie beantworten kann und ein breites Meinungsspektrum sichtbar wird.

Vorgehen   * Die Moderatoren stellen die auf einem Plakat visualisierte Frage (ohne lange Interpretationen) vor.

* Jeder Teilnehmer bekommt einen Selbstklebepunkt, mit der Bitte, ihn an den Platz zu kleben, der seiner Meinung entspricht.

* Nach der Beantwortung bittet der Moderator um verbale Kommentare zu den Punkten. Die Antworten werden stichwortartig auf dem Plakat gut lesbar mitgeschrieben ("mitvisualisiert") !! Warnung !! Auf keinen Fall darf der Moderator selbst Interpretationen geben.

* Das Plakat sollte nicht eher weggestellt werden, bis die Verbindung zum nächsten methodischen Schritt sichtbar gemacht ist.

4.3.2 Problem- /Themenorientierung herstellen

Diese Phase dient dazu, der Gruppe ihre gemeinsamen Probleme und Themen bewußt zu machen. Dazu muß die Energie der Gruppe aktiviert werden:

* Der Gruppe muß sich der Bedeutung des Themas bewußt werden. Ist das Thema für die Gruppe nicht wichtig, dann ist irgendetwas falsch gelaufen: entweder ist die Gruppe "geschickt" oder das Thema ist von "oben" verordnet worden, oder die Gruppe ist falsch zusammengesetzt. Gerade das sollte allen bewußt werden. Für das Gelingen einer Moderation ist es darüber hinaus wichtig, das unterschiedliche Gewicht sichtbar zu machen, die die verschiedenen Themen(schwepunkte) für die einzelnen Teilnehmer haben.

* Wenn alle thematischen Aspekte und Teile eines Problems von den Teilnehmern selbst genannt und konkretisiert werden, können sie sich nachher bei der Bearbeitung auch damit identifizieren und Verantwortung für die Resultate übernehmen.

* Nur wenn alle Teilnehmer sich beteiligen können, können sie auch ihren spezifischen Punkt des Engagements finden.

* Notwendige Vorinformation sollten kurz - und die Kernsätze daraus visualisiert sein.

  !!Warnung !!
  Mit einer langen Vorinformation eines Einzelnen am Anfang gelingt es am schnellsten, das Interesse der Beteiligten einzuschläfern und die Energien der Teilnehmer erschlaffen zu lassen. Dadurch wird die Konsumhaltung der Teilnehmer geschaffen oder zumindest gefördert.

Wichtig ist in dieser Phase ist:

* daß die Fragestellungen so konkret wie möglich erarbeitet werden,

* daß nur mit dem Ziel diskutiert wird, das Problem klar zu formulieren und noch nicht inhaltlich zum Thema oder gar über mögliche Lösungen nachgedacht wird,

* daß sich nicht alle einig sein müssen, sondern gerade die unterschiedlichen Meinungen aufs Plakat gebracht werden sollen. Unterschiedliche Meinungen sind keine Katastrophe, sondern

Anregungen für die Diskussion, Chancen für neue Lösungen.

Folgende **Methoden** eignen sich für diese Phase:

Ein-Punkt-Fragen

Ein-Punkt-Fragen sind solche Fragen, die die Gruppenteilnehmer mit **einem** Klebepunkt beantworten können

Ein-Punkt-Fragen, die der Gruppe die Bedeutung eines Themas bewußt machen, können sein:

*   "Wie wichtig ist das Problem
    für meine tägliche Arbeit ?"

*   "Wie zufrieden bin ich mit der
    Situation in unserer Abteilung/Team etc. ?"

*   "Wie stark fühle ich mich durch
    das Problem belastet ?"

134

* "Wieviel Energie (Zeit/Geld) bin
  ich bereit für die Lösung des
  Problems zu investieren ?"

Tagesordnung

Die Tagesordnung gemeinsam aufzustellen, ist die
einfachste Form einen gemeinsamen "Roten Faden" zu
bekommen.

Bereiten Sie folgendes Plakat vor:

Vorgehen

* Der Moderator sammelt mit den Konferenz-Teil-
  nehmern die anstehenden Themen. Er notiert in
  der "wer"-Spalte den Teilnehmer, der das Thema
  betreut, verantwortlich ist, Einstiegsinforma-
  tionen liefert etc.

* Danach einigt sich die Gruppe über den Zeitan-
  teil, den jedes Thema beanspruchen soll

* Anschließend wird gemeinsam eine zeitliche/lo-
  gische ... Reihenfolge festgelegt

* In der Bemerkungsspalte können Diskussions-
  ergebnisse, weitere Bearbeitungsschritte oder
  Entscheidungen festgehalten werden.

Vorteile

* Der Konferenzablauf wird von allen mitent-
  schieden (Verantwortung wird mitübernommen)

* Der Ablauf ist für alle transparent

* Alle können mit auf die Zeiteinhaltung achten

Auch wenn sonst nicht weiter moderiert wird, entfallen schon damit einige störende und ermüdende Erscheinungen von Sitzungen.

Zuruf-Frage

Für die Themensammlung durch Zuruf bereiten Sie ein bis zwei Leerplakate vor, die nur in der linken oberen Ecke die Frage als Überschrift haben, z.B.:

Vorgehen

* Der Moderator bittet die Gruppe kurz, durcheinander und schnell alles zuzurufen, was ihr zum Thema / zur Frage einfällt

* Der zweite Moderator (wenn vorhanden) bringt alle Äußerungen aufs Plakat

* Erst anschließend werden sie mit der Gruppe gemeinsam geordnet (siehe Problemspeicher)

  !! Warnung !!
  Auf keinen Fall die Äußerungen der Teilnehmer verbal oder nonverbal bewerten. Auch positive Bewertung einzelner Beiträge sind eine negative Bewertungen der anderen Beiträge (z.B. "Ja, das ist ein sehr wichtiger Beitrag", d.h. die anderen sind weniger - oder gar nicht - wichtig).

Wann geeignet

* Wenn es auf kreative Vielfalt ankommt (Brainstorming-Effekt)

* Wenn kein Bedarf nach Anonymität besteht

* Wenn gegenseitige Anregungen wichtig sind

* Wenn es unwichtig ist, daß Häufungen (Mehrfachnennungen) sichtbar werden (z.B.: Wieviele Teilnehmer nennen das gleiche Problem).

136

Karten-Frage   Bei der Kartenfrage schreiben die Teilnehmer ihre Äußerungen auf Karten, die anschließend an der Tafel sortiert ("geklumpt") werden.

Vorgehen

* Der Moderator bereitet ein Leerplakat mit der Frage als Überschrift und ein bis zwei zusätz- liche Leerplakate vor, z.B.:

* Der Moderator verteilt Karten und Filzstifte und bittet die Teilnehmer pro Karte nur ein Problem stichwortartig zu notieren (deutlich lesbar schreiben).

* Die Anzahl der Karten wird normalerweise nicht begrenzt, da sich die Menge von selbst regu- liert. In Ausnahmefällen (Zeit !) kann die Gruppe gebeten werden, zwar alle Karten zu schreiben, aber dann nur die 3 (oder ..) wich- tigsten auszuhändigen.

* Nachdem der Moderator die Karten eingesammelt hat, sortiert er sie gemeinsam mit der Gruppe auf die Plakate. Keine Sortier-Kriterien vor- geben, erst nach Zusammenhängen sortieren, dann die Überschriften finden. Der Moderator liest die Karte vor und die Gruppe entschei- det, zu welchem Problemklumpen diese Karte gehört.

* Die Problemklumpen sollten zur besseren Orien- tierung numeriert werden.

Beispiel:

* Kriterien der Zuordnung können sein:

  "Was läßt sich sinnvoll gemeinsam bearbeiten?"
  oder "Wofür sind ähnliche Lösungen vorstell-
  bar?"

* Gibt es unterschiedliche Meinungen bei der
  Zuordnung einer Karte (eines Problems, ...)
  bittet der Moderator die Teilnehmer, diese
  Karte zu verdoppeln, und sie werden in beide
  "Klumpen" gehängt.

* Wenn alle Karten zugeordnet sind, wird aus
  jedem Klumpen eine Fragestellung für den Themenspeicher mit der Gruppe formuliert. Wenn
  die Überschrift formuliert ist, wird der Klumpen abgeschlossen, d.h. mit dickem Filzstift
  umrandet.

!! Warnungen !!

* Keine Karten wegwerfen, auch nicht auf Auffor-
  derung aus der Gruppe. Jede Karte gehört dazu,
  denn der Schreiber hat damit eine Absicht
  verbunden.

* Karten nicht übereinander hängen, denn die
  Häufungen sollen sichtbar bleiben.

Wann geeignet   * Wenn Anonymität sinnvoll und notwendig ist

138

* Wenn Zeit zum Überlegen notwendig ist

* Wenn Häufungen sichtbar werden sollen

* Wenn der Zuordnungsprozeß entscheidend zur gemeinsamen Problemsicht der Gruppe beiträgt.

Problemspeicher

In den Problemspeicher werden alle Themen, Probleme, Wünsche usw. eingetragen, die entweder über eine Karten-Frage oder eine Zuruf-Frage gesammelt worden sind. Er dient einmal dazu, eine Übersicht herzustellen über die Punkte, die diskutiert werden sollen, zum anderen erlaubt er, Rangordnungen und Reihenfolgen mit der Gruppe gemeinsam festzulegen.

Er dient der Gruppe als roter Faden, an dem entlang sie ihre Diskussion organisieren kann, ohne daß ein Hierarch oder Leiter festlegen muß, was wann mit welchem Ziel getan werden soll.

Vorgehen

* Der Moderator bereitet ein bis zwei Plakate mit folgender Struktur vor:

* In die einzelnen Zeilen werden die Überschriften der Klumpen eingetragen. Dabei empfiehlt es sich, darauf zu achten, daß Probleme entweder als Fragestellungen formuliert sind oder doch zumindest die Tendenz ausdrücken, was an diesem Thema problematisch ist.

* Da dieser Problemspeicher die Arbeit der Gruppe weiter begleitet, lohnt es sich, Sorgfalt auf Formulierungen und Schrift zu legen. Die Spaltenüberschriften werden mit dem dicken, die einzelnen Texte in den Zeilen mit dem dünnen Filzstift geschrieben.

* Manchmal kommt es vor, daß ein Klumpen nur aus einer Karte besteht. Dann kann diese direkt in den Speicher gehängt werden. Das gleiche gilt für den Fall, daß eine Karte das Problem besonders plastisch formuliert.

Wann geeignet

Der Problemspeicher ist ein notwendiges Hilsmittel für alle Problemsammlungen und -ordnungen.

Bewertung

Durch die Bewertung des Problemspeichers

* werden - technisch gesehen - Rang- und Reihenfolgen zur Berabeitung der Probleme festgelegt

* werden - inhaltlich gesehen - Werthaltungen und Ziele, Ängste und Wünsche in der Gruppe transparent

* werden die notwendigen Koalitionen angelegt, die es später erlauben, zu Problemlösungen zu kommen.

Vorgehen

* Wichtig ist es zunächst, die richtige Bewertungsfrage zu finden. Sie muß für alle klar und deutlich sein, damit alle Teilnehmer nach dem gleichen Kriterium bewerten. Es ist nämlich ein Unterschied, ob die Teilnehmer entscheiden sollen "Was ist mein wichtigstes Problem?" oder "Welches Problem läßt sich am leichtesten lösen?" oder "mit welchem Thema sollten wir beginnen?"

* Da diese Frage so wichtig ist und für alle zum selben Zeitpunkt klar sein muß, wird sie auf eine Karte geschrieben und auf den oberen Rand des Problemspeichers gehängt.

* Zum Bewerten gibt der Moderator Selbstklebepunkte aus. Die Anzahl der Punkte richtet sich nach der Anzahl der Themen. Jeder Teilnehmer bekommt halb so viele Punkte wie Themen zur Auswahl stehen, also z.B. bei 14 Themen im Problemspeicher bekommt jeder Teilnehmer 7 Punkte.

* Die Punkte werden im Problemspeicher in die Spalte mit dem Punkt geklebt.

* Der Teilnehmer hat die Möglichkeiten, seine Punkte zu verteilen oder zu häufeln. Er kann damit ein breites Interesse an vielen Punkten oder ein starkes Interesse an wenigen oder an einem Punkt deutlich machen.

* !! Warnung !!
  Das Bewerten ist ein teilanonymer Vorgang. Der Moderator soll deshalb beim Kleben der Punkte nicht zusehen und auch später beim Besprechen des Ergebnis nicht einzelne Punkte identifizieren ("Wer hat denn diesen Punkt hier geklebt?")

* Wenn alle geklebt haben, zählt der Moderator die Klebepunkte aus und schreibt die Zahl der Punkte mit dem dicken Filzstift in das Punktefeld.

* Die Rangordnungen, die sich aus der Zahl der Punkte ergeben, werden, um Verwechslungen mit der Ordnungsziffer am Anfang zu vermeiden, mit Großbuchstaben (A,B,...) in der "R"-Spalte gekennzeichnet.

Wann geeignet

In allen Fällen, in denen Auswahlen getroffen, Rang- und Reihenfolgen festgelegt werden müssen.

4.3.3 Problembearbeitung

Zweck

In dieser Phase findet die eigentliche Arbeit an den Problemen statt. Sie besteht in einem intensiven Kommunikationsprozeß der Teilnehmer untereinander. Dazu ist es notwendig, die Gesamtgruppe in Kleingruppen aufzuteilen, damit jeder mit jedem Kontakt aufnehmen kann, um Argumente auszutauschen, Meinungen und Haltungen sichtbar zu machen, Widersprüche aufzudecken, Kontroversen auszutragen und Lösungen zu suchen.

Atmosphäre

Hierzu bedarf es einer problemoriorientierten Stimmung und einer kummunikativen Atmosphäre. Sie kann durch folgende Maßnahmen unterstützt werden:

* Alle Kleingruppen sollen nach Möglichkeit in dem selben Raum arbeiten.

* Jeder Kleingruppe sollen möglichst zwei bis drei Stelltafeln zur Verfügung stehen, durch die der Arbeitsraum der Gruppe abgegrenzt wird.

* In den Erläuterungen der Kleingruppen-Aufgaben sollen die Moderatoren eine Haltung einnehmen, aus der für die Teilnehmer erkennbar wird, daß Auseinandersetzungen kein Unglück sind, sondern den Lösungprozeß fördern, daß es hilfreicher ist, aufeinander zuzugehen ("Das sehe ich anders") als gegeneinander anzukämpfen ("Das ist falsch", "Das stimmt nicht",...)

Kleingruppenarbeit   Kleingruppen sollen nicht aus mehr als 5 Teilnehmern bestehen. Größere Gruppen neigen dazu, in Untergruppen zu zerfallen, und es stellen sich sehr schnell bekannte Führungsstrukturen her. Kleinere Gruppen erlauben es hingegen auch schüchternen und unerfahrenen Mitgliedern, aus sich herauszugehen und aktiv mitzuarbeiten. Die Gruppen sollen nicht länger als 60 Minuten arbeiten, damit die Ergebnisse noch offen genug sind, um auch in der anschließenden Plenumsdiskussion noch verändert werden zu können.

Die wichtigsten Gesichtspunkte im Diskussionsprozeß sollen auf Tafeln mitgeschrieben ("mitvisualisiert") werden. Dadurch

* wird der Diskussionsverlauf für die Teilnehmer transparenter und leichter steuerbar,

* entsteht ein für die ganze Gruppe sichtbares Diskussionsprotokoll, das Grundlage der späteren Präsentation im Plenum ist.

Kleingruppenbildung * Themenorientierte Gruppenbildung:
In den meisten Fällen entstehen die Themen für die Kleingruppen aus dem Themenspeicher, dessen am höchsten bewerteten Themen weiter bearbeitet werden. Dadurch ergibt sich die häufigste Form der Gruppenbildung, die darin besteht, daß sich die Teilnehmer dem Thema zuwählen, an dem sie das stärkste Interesse haben. Dazu schreiben die Teilnehmer ihren Namen und den Buchstaben der Gruppe ihrer Wahl auf einen kleinen Kuller. Die Kuller werden in der Mitte des Raums ausgebreitet, so daß alle sehen können, wer sich zu welcher Gruppe gewählt hat.

Interessieren sich mehr als fünf Personen für dasselbe Thema, wird die Gruppe entweder geteilt (dann wird das Thema parallel in zwei Gruppen bearbeitet) oder einzelne Teilnehmer orientieren sich um (freiwillig!), bis Gruppengrößen zwischen zwei und fünf Personen entstanden sind.

* Gruppenbildung nach dem Zufall:
  - losen (Zahlen oder Farben ziehen lassen)
  - abzählen lassen
  - nach der Sitzordnung
  - Puzzle: Der Moderator zerschneidet so viele Karten wie Gruppen gebildet werden sollen in ungleichmäßige Schnipsel. Jede Karte hat so viele Teile wie die Gruppe Teilnehmer haben soll. Die Teile werden gemischt, jeder zieht sich ein Stück und sucht die zusammenhängenden Teile, deren Besitzer gemeinsam eine Kleingruppe bilden.

* Gruppenbildung nach Sympathie:
  - Zweiergruppen bilden durch Augenkontakt
  - Zuordnung zu Symbolen: Der Trainer zeigt so viele unterschiedliche Symbole (Dreieck, Quadrat, Kreis usw.) wie Gruppen gebildet werden sollen. Die Teilnehmern ordnen sich diesen Symbolen zu.

* Kleingruppenbildung nach Funktion:
  Kriterium der Gruppenbildung ist die Funktion oder die hierarchische Position, die jeder einnimmt. Bei der Gruppenbildung kann es darum gehen, die Gruppen gemischt oder aber homogen zusammenzusetzen, je nachdem ob gegenseitige Anregung und Auseinandersetzung erfolgen soll (spricht für heterogene Gruppen) oder eine gemeinsame Position erarbeitet werden soll (spricht für homogene Gruppen).

Kleingruppen-
scenario

Mit dem Kleingruppenscenario wird der Gruppe eine Diskussionsstruktur empfohlen, die es ihnen erleichtern soll, in angemessener Zeit ihr Diskussionsziel zu erreichen.

Ziel des Scenarios ist es

* den Diskussionsprozeß in der Gruppe möglichst schnell in Gang zu bringen,

* Widersprüche **und** Gemeinsamkeiten deutlich werden zu lassen (unterschiedliche Auffassungen
  sollen nicht "ausdiskutiert" sondern, mit
  einem Konfliktpfeil (⚡) versehen, im Plenum
  diskutiert werden können),

* zu vergleichbaren und zusammenpassenden Ergeb-
  nissen in allen Kleingruppen zu führen,

* durch eine präzise Erläuterung des Scenarios
  die Kooperationsbereitschaft der Teilnehmer zu
  unterstützen.

In den meisten Fällen lehnt sich das Scenario an
folgende Grundstruktur an:

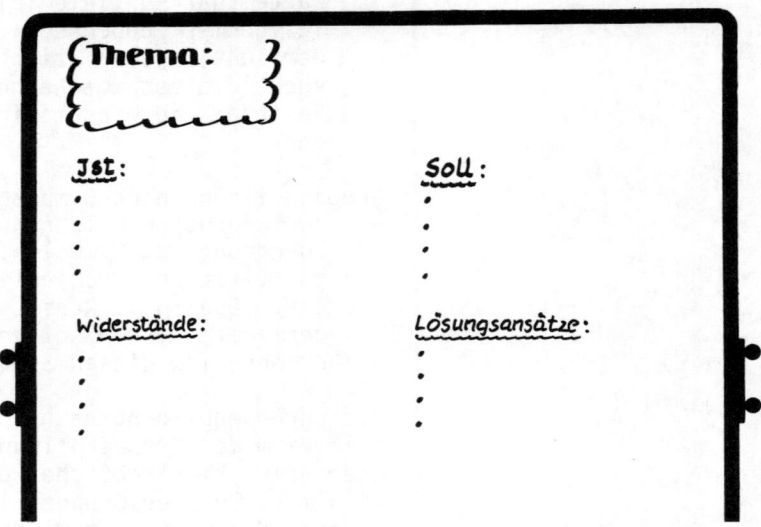

Statt nach Widerständen und Lösungsansätzen zu
fragen, können auch "offene/weiterführende Fragen"
gesammelt werden, "vorhandene Hilfen" oder "erste
Schritte zur Lösung" diskutiert werden.

Die Fragen sollen direkt und persönlich formuliert
sein, sie sollen aber keine inhaltliche Zielsetzung suggerieren. Sie sollen lediglich den Diskussionsprozeß unterstützen.

Im Kapitel 3 sind in allen Abläufen, in denen
Kleingruppenarbeit vorgesehen ist, Beispiele für
die Formulierung von Scenarien enthalten.

**Präsentation der
Kleingruppenarbeit**

Die Kleingruppenergebnisse werden anschließend anhand der Kleingruppenplakate dem Plenum von **zwei** Mitgliedern der Gruppe vorgestellt. Zwei Teilnehmer sind wichtig, damit nicht der Eindruck entsteht, es sei das Ergebnis eines einzelnen, und damit unterschiedliche Auffassungen in der Gruppe auch für das Plenum sichtbar gemacht werden können. In keinem Fall sollen die Ergebnisse von einem Moderator vorgestellt werden, auch dann nicht, wenn er bei der Kleingruppe anwesend gewesen ist.

Da Präsentationen von vielen Kleingruppen besonders für das Plenum sehr anstrengend sind, werden die Präsentatoren gebeten, sich eng an die erstellten Plakate zu halten und möglichst nicht länger als 5 Minuten zu präsentieren.

Zum Schluß der Präsentation stellt der Moderator die Frage, ob damit das Thema abschließend behandelt ist oder ob es weiter bearbeitet werden muß. Ist letzteres der Fall, wird die - nun meist viel konkretere - neue Fragestellung in den Problemspeicher aufgenommen und bei nächster Gelegenheit mit zur Auswahl für die weitere Diskussion gestellt.

**Schriftlich
diskutieren**

Die Plenumsmitglieder schreiben ihre Kommentare, Widersprüche, Ergänzungen usw. auf Karten (dazu eignen sich die ovalen gut, um sie von den Karten, die die Kleingruppe benutzt hat, zu unterscheiden). Sie werden in das Kleingruppenplakat gehängt.

4.3.4 Ergebnisorientierung

Die Akzeptanz einer Moderation hängt weitgehend davon ab, ob es gelingt, zu einem Ergebnis zu kommen. In den seltensten Fällen besteht es allerdings in einer klaren und unverrückbaren Entscheidung. Weit häufiger kommen aus einer Moderation folgende Arten von Ergebnis hraus:

* ein gewichteter, von allen getragenener Problemkatalog

* Arbeitsaufträge an einzelne Personen oder Untergruppen

*   ein abgestimmtes weiteres Vorgehen

*   Erfahrungsaustausch

*   Regeln und Empfehlungen

*   Selbstverpflichtungen

*   geklärte Beziehungen

*   Erreichen von Lernzielen

Erst durch die besseren Möglichkeiten, zu Ergeb-
nissen zu kommen, ist der größere Aufwand, den die
ModerationsMethode gegenüber anderen Verfahren
verlangt, zu rechtfertigen.

Deshalb ist es von besonderer Bedeutung, daß die
Ergebnisse klar formuliert und von den Teilnehmern
auch subjektiv als solche wahrgenommen werden

Tätigkeitskatalog   Das wichtigste Instrument zur Ergebnisorientierung
ist der Tätigkeitskatalog. In ihm sind, so konkret
wie möglich, die Aktivitäten enthalten, die im
Laufe der Moderation angeregt werden und die dazu
dienen, die angesprochenen Probleme zu lösen. Er
kann durch das Sammeln von "Lösungsansätzen" und
"ersten Schritten" in Kleingruppen vorbereitet
werden.

In seiner allgemeinen Form sieht der Tätigkeitskatalog folgendermaßen aus:

Beim Erarbeiten des Tätigkeitskatalogs muß auf folgendes geachtet werden:

* Spalte "Tätigkeiten":
  Die Aktivtäten sollen so konkret, einfach und überschaubar sein, daß ihre Durchführung realistisch ist und leicht von der Gruppe kontrolliert werden kann. So ist die Tätigkeit "Ein Haus in X bauen" zu komplex. Es genügt, in den Tätigkeitskatalog zu schreiben: "Kontakt mit A aufnehmen, um Konzept für Haus in X zu erarbeiten." Aus diesem Konzept ergeben sich dann die weiteren Schritte

* Spalte "Wer"
  In dieser Spalte können nur Anwesende stehen, denn es ist zwar leicht aber, meistens erfolglos, Tätigkeiten für andere zu erfinden. Findet sich in der Gruppe niemand, der die Kompetenz für eine gewünschte Maßnahme hat, muß sich zumindest ein Anwesender bereiterklären, die "Patenschaft" für die Tätigkeit zu übernehmen, d.h. sie an die Stelle weiterzugeben, die zuständig ist. Findet sich niemand, der die Tätigkeit übernehmen will, wird sie wieder aus dem Katalog gestrichen. Sie ist dann offensichtlich nicht so wichtig, daß jemand Energie dafür aufbringen will.

* Spalte "Mit wem"
  Hier können Anwesende stehen, es können aber auch Personen, Organisationseinheiten oder Institutionen eingetragen werden, die entweder bei der Realisierung helfen können oder als Beteiligte/Betroffene einbezogen werden müssen.

* Spalte "Bis wann"
  Sie soll eine realistische Zeitschätzung enthalten und nicht weiter als drei Monate in die Zukunft reichen. Wird für eine Tätigkeit mehr Zeitbedarf geschätzt, so ist sie in kleinere Schritte zu zerlegen, die in kürzeren Zeiträumen durchgeführt werden können.

* Spalte "Bemerkungen"
  Hier können Stichworte zur Art der Durchführung aufgeschrieben werden, es kann hier auch festgehalten werden, an wen das Ergebnis der Aktivität "abgeliefert" werden soll oder wer letztlich darüber zu entscheiden hat.

!! Warnungen !!

* Diese Phase ist häufig die kritischste in der
  Moderation, weil hier einzelne "Farbe beken-
  nen" müssen, ob sie sich engagieren wollen
  oder nicht. Sie sollte deshalb in großer Ruhe
  und ohne starken Druck von Seiten der Moderatoren durchgeführt werden.

* In manchen Moderationen - gerade wenn sie gut
  gelaufen sind - entsteht zu diesem Zeitpunkt
  ein hohes Maß an Euphorie. Das kann sich auf
  die Selbstverpflichtungen, aber auch auf die
  Zeitschätzungen beziehen. Der Tätigkeitskatalog sollte deshalb später nicht als Drohmittel
  hervorgeholt werden. Vielmehr ist es ganz
  normal, daß Tätigkeitskataloge nach einem
  gewissen Zeitabstand korrigiert werden müssen.
  Das sollte allerdings die Gruppe, die ihn
  erstellt hat, **gemeinsam** tun.

* Nicht jede Aktivität muß die einhellige Zu-
  stimmung aller Teilnehmer finden. Die Bereitschaft einzelner, sich für eine bestimmte
  Sache einzusetzen, die daraus erkennbare Energie, sollte nicht unterdrückt werden. Allerdings sollte der Moderator die Gruppe aufmerksam machen, wenn er feststellt, daß einzelne
  sich mit Aufgaben überhäufen, während sich
  andere heraushalten.

**Selbst-
verpflichtung/
Selbstreflexion**

Nicht jede Moderation führt zu Gruppenaktivi-
täten. Insbesondere lernorientierte Moderationen
münden eher in Empfehlungen oder Aktivitäten für
jeden einzelnen. Ob diese "guten Vorsätze" auch
wirklich in den Alltag mitgenommen werden, hängt
meist davon ab, daß sie nicht zu umfangreich und
nicht zu schwer zu erfüllen sind.

Es empfiehlt sich, solche Selbstverpflichtungs-
und Regelkataloge in Einzelarbeit vorzubereiten,
in denen der Teilnehmer die Moderation noch einmal
an sich vorüberziehen läßt, sich die wichtigsten
Erkenntnisse und Erfahrungen notiert und sich
eine, höchstens **zwei** konkrete, einfache Schritte
vornimmt, von denen er realistischer Weise erwarten
kann, daß er sie auch einhält.

Je nachdem, wie hoch der Vertrauensgrad in der
Gruppe ist, kann über diese Selbstverpflichtungen
in einem Schlußblitzlicht gesprochen werden.

4.3.5 Abschluß

Der Abschluß einer Moderation muß nicht dem Finale einer Beethovensymphonie gleichen, die sich mit immer weiteren Steigerungen einem furiosen Ende nähert. Aber sie sollte ein bewußtes und für alle erlebbares Ende haben. Dadurch können Erfolgserlebnisse entstehen über das, was man geschafft hat, es können Ausblicke darauf genommen werden, was noch zu tun ist und es kann wahrgenommen werden, welche Ziele nicht erreicht wurden. Auch - und vielleicht gerade dann - wenn nicht alle Hoffnungen erfüllt wurden, ist es wichtig festzustellen, was erreicht wurde und was nicht.

Das Abschlußerlebnis bezieht sich auf drei Ebenen:

*   das inhaltliche, sachliche Ergebnis der Moderation,

*   das Reflektieren des Prozesses, durch den das Ergebnis zustande - oder nicht zustande - gekommen ist,

*   das Ausdrücken der Gefühle, mit dem die Teilnehmer aus dem Raum gehen.

Je nach Ziel der Moderation kann das Schwergewicht auf eine dieser drei Ebenen gelegt werden.

Inhaltliches Ergebnis

Nicht nur für den Moderator, auch für die Gruppe ist es wichtig, sich klar zu machen, wie das Ergebnis der Moderation eingeschätzt wird. Es wirft ein Licht auf die Energie, mit der der Tätigkeitskatalog in Angriff genommen wird.

Dafür eignen sich besonders Ein-Punkt-Fragen. Wenn zu Beginn die Frage nach den Erwartungen an diese Moderation gestellt wurde, kann dieses Plakat wieder hervorgeholt werden. Die Teilnehmer kleben dann mit einer anderen Punktfarbe, wie es für sie war. Das ist eine einfache Methode, einen Soll-Ist-Vergleich durchzuführen.

Häufig bietet sich folgende Frage an:

Kommentare werden in Stichworten auf dem Frageplakat mitvisualisiert.

Reflexion des Prozesses

Besonders bei Gruppen, für die die ModerationsMethode neu ist, ist die Frage danach, wie zufrieden sie mit dem Verlauf der Moderation waren, sinnvoll. Der Moderator kann daraus ersehen, ob es dem Wunsch der Gruppe entspricht, in gleicher Weise fortzufahren. Last but not least kann sich die Moderatorin oder der Moderator mit dieser Frage das Erfolgserlebnis verschaffen, das er oder sie nach einer guten Moderation verdient hat. Er sollte aber auch bereit und offen für Kritik sein, die an dieser Stelle auch kommen kann.

In der Form kann diese Frage in gleicher Weise aufbereitet werden wie die obige nach dem inhaltlichen Ergebnis.

Ausdrücken der Gefühle

Wenn der zwischenmenschliche Bereich im Vordergrund der Moderation stand, ist es wichtig, positive und negative Gefühle am Schluß deutlich machen zu können. Die einfachste Form ist das Blitzlicht, das etwa mit folgenden Fragen durchgeführt werden kann:

*   Was war mir wichtig

*   Was möchte ich der Gruppe noch sagen

*   Was nehme ich mit nach Hause/
    Was habe ich mir vorgenommen/
    Mit welchen Gefühlen verlasse ich den Raum.

Feedback-Markt

Eine intensivere Form ist das gegenseitige Feedback, z.B. in Form eines Feedback-Marktes. Dabei kann jeder nacheinander bis zu drei Partner wählen, mit denen er sich in einem Zweiergespräch zu einem Feedback zurückzieht. Aus der vertrauten Stimmung am Ende einer Moderation kann ein sensibleres Feedback entstehen als im Alltag.

!! Warnung !!
Eine Feedback-Phase sollte nur mit solchen Gruppen durchgeführt werden, die Erfahrung auf diesem Gebiet haben und gelernt haben, wie man dem anderen seine Wahrnehmung schildert, ohne ihn zu verletzen und ohne ihm andererseits Banalitäten und Schmeicheleien zu sagen. Auch der Moderator soll Erfahrung mit diesem Instrument haben!

4.3.6 Protokoll

Alle wichtigen Aussagen - Informationen, Diskussionen, Gruppenarbeiten - schlagen sich im Verlauf der Moderation auf Tafeln nieder. Es liegt nahe, diese Unterlagen zum Erstellen des Protokolls zu benutzen. Da ein solches Protokoll im Laufe des Prozesses, sozusagen als "Abfallprodukt" simultan entsteht, nennen wir es "Simultanprotokoll".

Werden die Plakate - was sich empfiehlt - wörtlich ins Protokoll übernommen, so hat das den großen Vorteil, daß das Protokoll authentisch ist, also keiner nachträglichen Genehmigung bedarf. Manipulationen, die so gerne an Protokollen vorgenommen werden, sind damit ausgeschlossen

Allerdings entstehen, vor allem in längeren Moderationen, so viele Plakate, daß das Protokoll zu umfangreich würde. Diese Plakate bestehen vielfach aus Zwischenschritten, die für das endgültige Ergebnis nicht mehr von Bedeutung sind. In diesem Fall empfiehlt es sich, die Plakate gemeinsam mit der Gruppe auszusortieren und auf Grund dieser Unterlagen das Protokoll zu erstellen.

Grundsätzlich gibt es zwei technische Möglichkeiten, das Protokoll zu erstellen:

*   die Plakate können abgeschrieben werden; dabei gibt das handschriftliche Abschreiben, das,

wenn es mit einer sauberen Schrift passiert, ein authentischeres Bild als das Abschreiben mit der Schreibmaschine,

* die Plakate werden abfotografiert; mit etwas photographischem Geschick und ein bißchen Erfahrung läßt sich das leicht bewerkstelligen. Die Fotos werden auf 18 x 24 cm vergrößert und können dann kopiert werden.

Diese Art von Protokoll ist nur für die Teilnehmer an der Moderation geeignet. Nicht-Teilnehmern vermittelt sie ein für sie nicht verständliches Bild. Falls es notwendig ist, auch andere per Protokoll über die Moderation zu informieren, muß dafür ein eigenes Protokoll aufbereitet werden, das für die Zielgruppe verständlicher ist. Es empfiehlt sich, damit eine Untergruppe aus der Moderation zu beauftragen, deren Tätigkeit im Tätigkeitskatalog aufgeführt ist ("Protokoll erstellen für...")

Auch für Teilnehmer ist es hilfreich, dem Protokoll eine tabellarische Beschreibung des Ablaufs voranzustellen. Das erleichtert das Zurechtfinden im Protokoll.

Präsentation der Ergebnisse

Für eine intensivere Information Außenstehender ist es allerdings sinnvoller, eine Präsentation der Moderationsergebnisse durch Teilnehmer vorzubereiten, für die die Plakate eigens angefertigt werden.

4.4 Vorbereitung einer Moderation

Die Vorbereitung eines Moderationsablaufs wird
wesentlich erleichtert, wenn sich die Moderatoren
schon vorher folgende Fragen stellen:

1. Wer ist unsere Zielgruppe?

* Woher kommt sie?
* Was tut sie?

2. Wie ist unsere Zielgruppe zusammengesetzt?

* hierarchisch,
* funktional,
* nach Arten der Tätigkeiten,
* nach Interessenlage?

3. Was wollen die einzelnen Teilnehmer?

* Ziele,
* Absichten,
* Erwartungen?

4. Was wissen die Teilnehmer?

* Vorwissen über das Problem,
* Kenntnis der Hintergründe,
* Fachwissen?

5. Welche Konflikte können auftreten?

* persönlich,
* sachlich,
* Intensität?

6. Was kann/soll nach der Moderation passieren?

* Veränderung in der Organsiationsstruktur,
* Energie und Engagement für die Durchführung
  von Lösungen,
* Verfügt die Gruppe über die notwendige Ent-
  scheidungskompetenz (formelle und informelle
  Durchsetzungschancen)?

7. Welche Rahmenbedingungen stehen schon fest?

* Veranstaltungsort,
* Entscheidungsspielraum der Gruppe
* Entscheidungsspielraum der Moderatoren

8. Wer hat die Moderatoren beauftragt?

* Belastungen und Unterstützungen durch den Auftraggeber
* Interessen des Auftraggebers

9. Welche Erfahrungen haben die Teilnehmer mit der ModerationsMethode

* Sind sie Neulinge?
* Haben sie gute Erfahrungen gemacht?
* Haben sie vorher andere Moderatoren erlebt? Kennen Sie die und kennen Sie ihre Art zu moderieren?
* Sind sie schon übersättigt von Moderation?

4.5 Hilfsmittel der Moderation

Wir geben hier eine Liste der vollständigen Aus-
stattung mit Moderationsmaterial an. In vielen
Fällen werden Sie jedoch improvisieren können oder
müssen. Für diese Fälle geben wir Ihnen in der
rechten Spalte der Materialliste einige Tips.

Materialcheckliste

was	Anzahl	Improvisations-möglichkeiten
Stellwände (Pinwände)	0,5 je Teilnehmer	Papier mit Tesakrepp an die Wand hängen
Packpapier (150x125 cm)	2 je Teilnehmer	Flipchartpapier, Packpapierrollen
Karten (10x21 cm) 4 Farben: weiß, gelb orange, hellgrün Papierqualität 120 g/qm	20 Stück je Teiln.	direkt auf Papier schreiben (s.Zuruffrage), selbst zuschneiden, alte Lochkarten
kreisförmige Scheiben (Kuller) Ø 10 cm 4 Farben (s.o.)	2 je Teilnehmer	weglassen
Überschriftstreifen (15x68 cm), 4 Farben (s.o)	1 pro Farbe	weglassen, Überschrift aus Flip-chartpapier ausschneiden
Filzschreiber (Edding 1) schwarz	1 pro Teilnehmer	ohne geht es nicht
Filzschreiber (Edding 1) rot, blau, grün	2 je Moderator	weglassen
Filzschreiber (Edding 800) schwarz, rot, blau, grün	1 pro Farbe	ohne geht es nicht
Klebestifte (Pritt-Bürogröße)	2 Stück	nur notwendig, wenn mit Karten gearbeitet wird
Selbstklebepunkte Ø 9 mm, rot, grün	20 Punkte je Teiln.	mit Filzschreiber punkten lassen

was	Anzahl	Improvisations- möglichkeiten
Papierschere	1	Papiermesser
Tesakrepp (Breite 30 mm)	1 Rolle	besonders zum Improvi- sieren notwendig
Markierungsnadeln (6/15 Kopfgröße)	100 Stück	nur wenn mit Stellwänden gearbeitet wird

5. Glossar

Begriffe und Methoden in alphabetischer
Reihenfolge

Abschlußfrage
Schlußaktivität einer Gruppe am Ende einer ➔
Moderation mit Hilfe derer die Gruppe die Möglichkeit hat, noch einmal den Ablauf des Stands zu
bewerten. Sie besteht meist aus einer ➔ Punktfrage, so daß jeder noch einen "Schlußpunkt" setzen kann. Inhaltlich bezieht sie sie sich entweder
auf den atmosphärischen Ablauf ("Wie mir die Veranstaltung X gefallen hat") oder es wird festgestellt, wie zufrieden die Teilnehmer mit dem Ergebnis ihrer Arbeit sind.

Anwärmfrage
Sie hat den Sinn, die Gruppe am Beginn einer
Veranstaltung oder eines Veranstaltungsteils auf-
nahmefähig und kooperationsbereit zu machen. Sie
kann entweder aus einer körperlichen Aktivität,
einer ➔ Vorstellungsrunde, einem Spiel oder
dergleichen bestehen. Sie muß noch keine unmittel-
bare Beziehung zum Thema haben, sondern sie soll
das emotionale Klima in der Gruppe fördern bzw.
durch motorische Aktivitäten Müdigkeitsphasen
überbrücken. (vergl. Vopel, 1981)

Bild (Gruppenbild) malen
Gruppenaktivität, in der eine Gruppe gemeinsam auf
einem ➔ Plakat ein Bild zu einem bestimmten
Thema malt. (Das Thema kann auch von der Gruppe
selbst gewählt werden oder erst im Laufe des Mal-
prozesses entstehen.) Es kann die Regel vorgegeben
werden, daß sich die Gruppenmitglieder nicht mit
Worten verständigen dürfen. Wird häufig benutzt um

* den Gruppenzusammenhang zu stärken
* emotionale Hintergründe eines bestimmten Themas zu verdeutlichen.

Brainstorming
Kreativitätsübung, bei der die Teilnehmer aufgefordert werden, alles laut zuzurufen, was ihnen zu
einer betimmten Fragestellung einfällt. Bei Anwendung im Rahmen der ➔ ModerationsMethode werden
die Zurufe auf einer ➔ Pinwand mitgeschrieben.
Es ist wichtig zu beachten, daß während des Brain-
stormings keine Bewertungen vorgenommen werden,
z.B. gut/schlecht oder passend/unpassend.

Co-Moderator   → Moderator

Graffitti(tafel)   Im Raum werden zwei oder drei Tafeln mit →
Plakaten verteilt, auf denen als Überschrift Satz-
anfänge stehen, die zum Ergänzen reizen, z.B. "Am
besten wäre es, wenn hier..." oder "Am meisten
habe ich Angst davor, daß...". Die Übung eignet
sich sowohl als → Anwärmübung wie auch als
Abschlußfrage.

Gruppenspiegel   Auf einem oder mehreren → Plakaten werden so
viele Zeilen gezogen wie Teilnehmer vorhanden
sind. Die Spalten sind überschrieben mit "Name"
und weiteren Informationswünschen für eine →
Vorstellungsrunde, z.B. "Ausbildungsberuf", "Wohn-
ort", "Hobbies" und dergleichen. Beim Ankommen
tragen sich die Teilnehmer in dieses Plakat ein
und beantworten die in den Spalten stehenden Fragen. Zu Beginn der gemeinsamen Arbeit stellt sich
jeder Teilnehmer an Hand seiner Aussagen auf dem
Gruppenspiegel kurz vor. Beispiel siehe Ablauf
"Betriebsratssitzung"

Info-Markt   Veranstaltungsform für Gruppengrößen ab ca. 30
Teilnehmern, in denen in mehreren Gruppen (→
Info-Ständen) gleichzeitig gearbeitet wird. Ziel
des Info-Markts ist es, den Teilnehmern eine aktive Verarbeitung von und Auseinandersetzung mit
den angebotenen Informationen in überschaubarer
Gruppengröße zu ermöglichen.

Info-Stand   Teil eines → Info-Markts, der einem bestimmten
Teilthema des Info-Markts gewidmet ist. In dem
Stand werden die Teilnehmer (10 - 20 Personen) mit
den zu diesem Thema wichtigen Informationen vertraut gemacht, und sie haben Gelegenheit, durch
die angebotenen Lernmethoden die Informationen zu
verarbeiten, zu ergänzen und für ihre Zwecke nutz-
bar zu machen. Wenn der Info-Markt in einer einzi-
gen Halle stattfindet, besteht der Info-Stand aus
einer Reihe von → Pinwänden, die für die →
Moderation gebraucht werden und gleichzeitig den
Stand optisch von anderen Ständen abschirmen. Je
nach Organisation des Info-Markts haben die Teilnehmer die Möglichkeit, nacheinander alle Stände
zu besuchen oder einzelne Stände aus dem Gesamtan-
gebot auszuwählen. Üblicherweise werden die Stände
mit Großbuchstaben bezeichnet, um die Orientierung
zu erleichtern.

Kartenfrage	Auf einer von mindestens zwei ➤Pinwänden, die mit Packpapier bespannt sind, steht deutlich und für alle lesbar eine Frage, z.B. "Worüber sollten wir hier sprechen?" Die Teilnehmer antworten, indem sie ihre Aussagen auf Moderationskarten (➤ Moderationsmaterial) schreiben, und zwar jede Aussage stichwortartig auf eine eigene Karte. Die Karten werden von den ➤Moderatoren eingesammelt, nacheinander laut vorgelesen und mit der Gruppe gemeinsam zu "Klumpen", d.h. nach zusammenhängenden Aussagekomplexen, sortiert. Die Begriffe, die die jeweiligen Aussagekomplexe charakterisieren, können anschließend auf einen ➤ Problemspeicher übertragen und mit Hilfe einer➤ Punktfrage mit mehreren Punkten bewertet werden.
Kleingruppen	Aufgliedern eines ➤ Plenums in arbeitsfähige Teilgruppen. Eine Kleingruppe soll zwischen drei und fünf Personen stark sein. Bei Anwendung der ➤ ModerationsMethode stehen jeder Kleingruppe ein bis zwei ➤Pinwände zur Verfügung, auf denen die Arbeitsergebnisse festgehalten werden. Üblicherweise bekommt die Kleingruppe ein ➤ Scenario, das ihr das Gespräch erleichtert. Die Ergebnisse werden anschließend im Plenum, möglichst von zwei Teilnehmern vorgetragen.
Kleingruppen-bildung	Zur Zusammenstellung von Kleingruppen gibt es verschiedene Verfahren:

*   themenorientiert: bei unterschiedlichen Themen für Kleingruppen wählt jeder Teilnehmer, welches Thema er bearbeiten möchte. Bei mehr als fünf Interessenten an einem Thema werden mehrere Kleingruppen zum selben Thema gebildet.

*   nach dem Zufall: losen, abzählen, ➤ Puzzle

*   nach Funktion: z.B. nach Aufgaben, Herkunftsbereich, hierarchischer Stellung oder vergleichbaren Kriterien.

*   nach Sympathie: z.B. durch Augenkontakt, Bekanntheitsgrad untereinander, gänzlich freigestellte Gruppenbildung oder anderen emotional wirkenden Kriterien. |
| Klumpen | Sortieren der Karten nach einer ➤ Kartenfrage gemeinsam mit der Gruppe |

Kreisgespräch	Gesprächsform, die sich eng an das "Themenzentrierte Gespräch" nach Ruth Cohn anlehnt. In ➔ Moderationen wird es vor allem dann angewendet, wenn nicht das sachliche Problem sondern die Beziehungen der Teilnehmer untereinander und ihre Gefühle eine Rolle spielen.
Kuller	Runde Scheibe aus dickerem Papier in den Farben weiß, gelb, hellgrün und orange. Große Kuller (∅ 20 cm) werden zum Hervorheben von Aussagen bei einer Visualisierung benutzt. Kleine Kuller (∅ 10 cm) werden darüber hinaus bei der themenorientierten Zuwahl zu Kleingruppen (➔Kleingruppenbildung) verwendet
KurzModeration	➔Moderation von maximal einem halben Tag Dauer
Mitvisualisieren	Mitschreiben von Aussagen auf einem ➔Plakat
Moderation	Art und Weise der Diskussion in Gruppen, bei der es darum geht, alle Teilnehmer möglichst aktiv und zielorientiert zu beteiligen. Spezielle Methode dafür ➔ ModerationsMethode.
Moderationsablauf	"Drehbuch" einer Moderation, das von den ➔Moderatoren vorab erstellt wird. Es enthält die einzelnen Moderationsschritte, den Zeitbedarf für jeden Schritt und die angewendete Moderationstechnik.
Moderationsmaterial	Spezielles Material, daß für die Anwendung der ModerationsMethode gebraucht wird. Eine Zusammenstellung nach Art und Menge findet sich im Abschnitt 4.5. Vor allem bei ➔ KurzModerationen kann hier aber auch improvisiert werden, solange das Ziel (lesbare Visualisierung für alle und Beteiligungsmöglichkeit aller) erreicht wird.
ModerationsMethode	System von Techniken und Einzelmethoden zur Durchführung von ➔ Moderationen und ➔Info-Märkten. Wichtigste Elemente sind: * ➔Visualisierung * Gruppenfragetechnik * Wechsel von ➔Plenum und ➔Kleingruppe
Moderationstafel	➔ Pinwand
Moderator	Diskussionshelfer, der eine Gruppenarbeit mit Hilfe der ➔ModerationsMethode durchführt. Seine

Aufgabe besteht darin, der Gruppe durch ein geeignetes Methodenangebot zu einem Ergebnis zu verhelfen. Er steuert deshalb den Prozeß nur methodisch, läßt aber der Gruppe inhaltlich freie Entscheidung. Eine Moderation wird möglichst von zwei gleichberechtigten Moderatoren (Co-Moderator) durchgeführt, von denen der eine inhaltlich Experte sein kann aber nicht sein muß.

Namensschild

Namenskennzeichnung der Teilnehmer. Der Name soll so groß geschrieben sein, daß er aus 5 m Entfernung noch gelesen werden kann. Dazu eignet sich ein 3 cm breiter Tesakreppstreifen, auf den der Name mit Filzstift (z.B. Edding 1) geschrieben wird. Das Namensschild kann mit zusätzlichen Symbolen versehen sein, durch die z.B. die Gruppenzugehörigkeit gekennzeichnet wird.

Paarinterview

Übung zum gegenseitigen Kennenlernen oder zum Klären von emotional besetzten Problemen. Dazu finden sich zwei Partner zusammen, die sich gegenseitig über vorher festgelegte Fragen(komplexe) interviewen. Die Fragen können entweder von den ➜ Moderatoren vorgegeben sein oder von der Gesamtgruppe vorher erarbeitet werden. Anschließend stellen sich die Partner im Plenum entweder gegenseitig oder jeder sich selbst mit den im Paarinterview erarbeiteten Antworten vor.

Pinwand

Spezialstelltafel für die ➜ ModerationsMethode. Sie besteht aus beschichtetem Hartschaum mit Leichtmetallrahmen (Größe ca 150 x 125 cm). Sie eignet sich zum Anheften von Plakaten und Moderationskarten. Bei einer Moderation sind immer alle Tafeln mit Packpapier behängt, um auch spontan auf die Tafeln schreiben und Moderationskarten festkleben zu können. Die Pinwand ist freistehend und kann von beiden Seiten benutzt werden. Sie eignet sich auch als Raumteiler, um ➜ Kleingruppen oder Info-Ständ voneinander optisch abzuschirmen.

Plakat

Packpapier von der Größe 150 x 125 cm für die ➜ Visualisierung von Informationen, die in einer Gruppe vorgestellt werden sollen, oder für ➜ Plenum und ➜ Kleingruppen, um Diskusionsbeiträge und Arbeitsergebnisse festzuhalten. Eignet sich auch für alle Arten von Spielen und Basteleien. Das Plakat ist im wahrsten Sinne Grundlage aller ➜ Moderation Anfang.

Plakatwand	→ Pinwand

Plenum   Die Gesamtheit der Teilnehmer einer → Moderation oder eines → Info-Stands.

Problemspeicher   eine Liste in Form eines → Plakats, auf der Probleme, Themen, Wünsche usw. gesammelt werden. Meistens geht eine → Kartenfrage voraus, deren → Klumpen als Themen in den Problemspeicher aufgenommen werden. Der Problemspeicher enthält eine Spalte für Themen, eine für die Bewertung (→ Punktfrage) und eine für die Rangreihe, die sich aus der Bewertung ergibt.

Punktfrage   Eine Methode, bei der eine Frage von jedem Teilnehmer mit Hilfe eines oder mehrerer Selbbstklebepunkte auf einem → Plakat beantwortet werden kann.

1. Fragen, die mit einem Punkt auf einer Skala oder in einem Koordinatenfeld beantwortet werden

2. Fragen, die mit mehreren Punkten beantwortet werden: Sie dienen dazu, eine Auswahl unter mehreren Alternativen herbeizuführen. In der Regel bekommt jeder Teilnehmer eine Anzahl von Selbstklebepunkten, die etwa der Hälfte der auszuwählenden Alternativen entspricht. Der Teilnehmer kann die Punkte auf die Alternativen verteilen, er kann aber auch mehrere Punkte für eine Alternative vergeben ("häufeln").

Puzzle   Methode der → Kleingruppenbildung nach dem Zufallsprinzip. Dazu werden so viele Moderationskarten, wie es Kleingruppen geben soll, jeweils in so viele Teile zerschnitten, wie die Kleingruppen Teilnehmer haben sollen. Die Karten werden in Puzzleform zerschnitten. Dabei ist darauf zu achten, daß die Gesamtzahl der Puzzleteile genau mit der Teilnehmerzahl übereinstimmt. Die Puzzleteile werden gemischt und an die Teilnehmer verteilt. Die Teilnehmer versuchen, sie wieder zusammenzusetzen. Die Besitzer zusammenhängender Teile bilden eine Kleingruppe.

Scenario   Vorgabe von Fragestellungen für die Arbeit in → Kleingruppen.

schriftlich diskutieren	Diskussionsteilnehmer schreiben ihre Diskussionsbeiträge stichwortartig auf Karten, die an eine ➡ Pinwand gehängt und ggf. sortiert (➡ Klumpen) werden. Wird besonders bei der Diskussion von Kleingruppenergebnissen verwendet.
Simultanprotokoll	Ein Protokoll, das aus abfotografierten ➡ Plakaten besteht, die für eine oder in einer ➡ Moderation entstanden sind. Dabei werden die (wichtigsten) Fotos auf 18 x 24 cm vergrößert, fotokopiert und an alle Teilnehmer verteilt.
Stand	➡ Infostand
Standrunde	Zeiteinheit, in der meherere ➡ Info-Stände parallel durchgeführt werden. Bei der Konzeption eines Standes (➡ Moderationsablauf) muß darauf geachtet werden, daß alle Stände ungefähr die gleiche Zeit benötigen, damit ein reibungsloser Wechsel von Stand zu Stand möglich ist.
Steckbrief	Methode zum ➡ Anwärmen und Kennenlernen: Jeder Standteilnehmer schreibt auf ein ➡ Plakat Informationen über sich selbst, mit denen er sich im Standplenum vorstellt. Die Fragen sind auf einem Leitplakat vorgegeben. Bei den Fragen soll darauf geachtet werden, daß sie sowohl sachliche als auch persönliche Informationen erlauben.
Themenspeicher	➡ Problemspeicher
Vorstellungsrunde	Wenn eine Gruppe neu zusammen kommt, sollte ihr immer Gelegenheit gegeben werden, sich gegenseitig vorzustellen. Um die Langeweile der üblichen Vorstellungen ("Ich heiße ... und komme aus ...") zu entgehen, empfiehlt es sich, unterschiedliche Methoden des Kennenlernens anzuwenden. (Vergl. ➡ Gruppenspiegel, ➡ Paarinterview, ➡ Steckbrief)

Zu den Autoren

Dr. Karin Klebert

"Geboren 1941 in Wien, dort aufgewachsen und studiert, Philosophie, Psychologie, Pädagogik und Kunstgeschichte. 1964 Promotion zum Dr. phil.. Anschließend Studium der Soziologie in Münster/ Westfalen. Geheiratet, ein Sohn Oliver. Von 1967-69 unterrichtete ich Sozialphilosophie und Sozialpsychologie an der Pädagogischen Hochschule Münster und experimentierte dort auch mit Gruppenarbeitsmethoden. 1970-72 Planung in Industrie und Verwaltung, als Mitglied des Quickborner Teams Entwicklung der Moderation. 1972-76 bei Metaplan, Quickborn, Moderation in Industrie und Verwaltung. Seit 1976 bin ich selbständig, Moderation, Selbsterfahrungsgruppen, in Zusammenarbeit mit ComTeam."

Dr. Einhard Schrader

"Jahrgang 1940; Seit fast zehn Jahren arbeite ich mit Gruppen, zum größten Teil in Firmen, Behörden, Universitäten, Anstalten des öffentlichen Rechts. Meine Schwerpunkte liegen in der Anwendung und Vermittlung der Moderationstechnik, die ich mit entwickelt habe. Daneben arbeite ich auf dem Gebiet der Kommunikation und der Gesprächsführung sowie in der Ausbildung von Trainern für Aus- und Fortbildung. Meine Ausbildung: Promoviert habe ich in Soziologie, war Assistent an der Universität, Mitglied des Quickborner Teams, habe ein Bildungszentrum in einem Wirtschaftsunternehmen geleitet und bin seit 1976 als freiberuflicher Trainer und Unternehmensberater selbständig."

Walter G. Straub

"Jahrgang 1945; Geschäftsführer und Gesellschafter von ComTeam. Nach meiner in Berlin verbrachten Jugend habe ich in Frankfurt/ Main und Darmstadt Maschinenbau, Betriebswirtschaft und Psychologie studiert. Seit 1970 arbeite ich mit und in Gruppen. Angefangen habe ich mit Organisationsplanung und Strategieentwicklungen in einer Zentralabteilung bei der Siemens AG München. Im Quickborner Team habe ich als Mitgesellschafter im Trainings- und Klausurbereich weitere Erfahrungen gesammelt. Seit Ende 1974 gibt es ComTeam. Die Gründung sollte es uns - meiner Frau Heide und mir - ermöglichen, gemeinsam für Arbeit, Haushalt und Kindererziehung zuständig zu sein. ComTeam ist ein Beratungsunternehmen, das sich vornehmlich mit der Kommunikation in Gruppen beschäftigt. Dazu gehört die Durchführung von Trainings, die Strategieberatung und die Moderation von Tagungen und Kongressen. Darüber hinaus leite ich bei ComTeam Gruppen zur persönlichen Weiterentwicklung."

6. Literaturverzeichnis

Dieses Buch ist keine Dissertation, sondern es ist für die praktische Anwendung gedacht. Folglich beansprucht das Literaturverzeichnis auch keine Vollständigkeit. Es gibt Auskunft über einige Bücher, die uns beeinflußt haben sowie über Literatur, die zum weiteren Anwenden, Ergänzen und Variieren der ModerationsMethode anregen soll.

ModerationsMethode

Karin Klebert, Einhard Schrader, Walter G.Straub, ModerationsMethode, 2.erw. Auflage, 1984

Helga Cloyd, Karin Schrader-Klebert, Karl Schleiermacher, Eberhard Schnelle, Gesprächstechnik für Gruppen, Metaplanreihe 2, 1973

Visualisierung

Einhard Schrader, Walter G.Straub, Darstellungstechniken und Technik der Auswahl und Verdichtung von Informationen, in RKW-Handbuch "Führungstechnik und Organisation" 2322, Berlin 1978

Einhard Schrader, Joachim Biehne, Auswählen - Verdichten - Gestalten, Ein Lernprogramm zur optimalen Gestaltung von Informationen, Essen 1984

Telse Schnelle-Cölln, Visualisierung, Metaplanreihe 6

Anwendung der ModerationsMethode

Einhard Schrader (Hrsg.), Die ersten Tage im Betrieb, Einführungsveranstaltungen für Auszubildende in Industrie, Versicherung und Verwaltung, Essen 1984

Marianne Riegger, Lernstatt erlebt, Praktische Erfahrungen mit Gruppeninitiativen am Arbeitsplatz, Essen 1983

Andere Methoden

Ruth Cohn, Von der Psychoanalyse zur Themenzentrierten Interaktion, Stuttgart 1975

Lutz Schwäbisch, Werner Siems, Anleitung zum sozialen Lernen für Paare, Gruppen und Erzieher, rororo 6846, Reinbek 1974

Joachim Dierichs, Berthold Helmes, Einhard Schrader, Walter G. Straub, Workbook, 4. erw. Aufl.,Hamburg 1984

	Klaus Vopel, Interaktionsspiele, 8 Bände, Hamburg 1978
	Weber, Hermann, Arbeitskatalog der Übungen und Spiele, Essen 1981
Lernen und Lehren	Einhard Schrader, Arnulf Gottschall, Thomas Runge, Der Trainer in der Erwachsenenbildung - Rolle, Aufgaben, Verhalten, München 1984
	Frederic Vester, Denken, Lernen, Vergessen, Stuttgart 1975
Organisation	Siemens, Organisationsplanung, Planung durch Kooperation, 6. Aufl. 1984

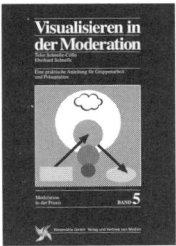

Diese Bücher qualifizieren Seminarleiter und Trainer